目錄
Contents

U0140179

目錄
Contents

第三篇
最深刻的療癒，都藏在關係裡

目錄
Contents

目錄
Contents

推薦序一

一念之轉的奇蹟

古典／新精英生涯創始人、暢銷書作者、生涯規劃師和教練

「我想變得不一樣！」

那你需要不一樣地去想。

這就是這本書要講的東西。對，就是這麼簡單。

01

比如理財。我是個拙於理財、談錢的人，但要經營企業，要支持家庭，我必須試著做，不過收效甚微，一直到我開始梳理自己對於金錢的念頭。

我父母都是工程師，雖然沒有挨過餓，卻也經歷過物質稀缺的生活。小時候想吃

蘋果，買不起，會去買按籮筐賣的爛蘋果，拉回來一家人圍坐，挖出爛的部分，切成能吃的小塊放到碗裡，那記憶溫暖又有些辛酸。小學來到深圳上學，五年轉了五所小學，交了很多朋友，短暫的學年卻也讓我珍視朋友，珍視友情。初中畢業旅行，爸爸給我一把不銹鋼的多功能小刀，被我不小心落在旅館。那把刀他出差帶在身邊好多年，現在想起，我還常常掛念。

我就是在這樣物資稀缺又感情親密的環境裡長大的。我愛惜舊物，一件衣服補了好多次才丟；鞋子實在穿不下了，會補好、洗好後才放到樓下垃圾桶附近，還要塞張卡片告知看到的人此鞋還能穿。我對自己節儉，但對於朋友非常大方。我的消費比例也和這相似。

但說也奇怪，**當你真的能夠看到自己的念頭，這些執念就開始消失。你會驚喜地發現，這些字不是用墨水，而是用白板筆寫的，只要你願意，就可以抹去。你會開始興致勃勃地在新的紙張上畫自己想要的東西**。我和錢的關係變得很好。理財，首先不是去看股票、帳戶或專業書籍，而是先「梳理」自己和「財」的信念。

扯遠了，我想說的是，隨著成長，我逐漸意識到：**橫亙在你和所有領域成功之間**

的，不只是專業，更是心理（不是心理專業啊，而是關於你自己的心理學）。

比如，你怎麼看待事物，你希望獲得什麼，你有什麼糾結，你有什麼渴望……這些執念、怨念、信念、善念、愛念、貪念、癡念……讓你左右互搏，讓你寸步難行。

就像我媽寧願相信短影音裡扮演中醫的演員說的，也不信我這個兒子的體檢報告一樣。她愛著我，卻又擔憂我的身體，圍繞這個善念和恐懼的劇本，她為自己編排出一個我的故事，每天操心，很難分辨自己哪些想法是對的，哪些是錯的。

其實我們每個人，何嘗不是這樣呢？

我們都在這樣的故事裡活著，習焉不察。

除非你能看到這些念頭，並且轉念。

因為如果你想變得不一樣，就需要先不一樣地去想。

02

轉念是什麼呢？

轉念是去掉雜念，聚焦核心。

就拿寫書來說。蘭雯在很早就找我聊過關於寫書的事。我問她，你希望這本書用來幹什麼？是積累過去的知識、傳達給圈外人，還是展現你的專業，或大賣？她不理解地問我，難道暢銷書不就是自己的總結，讓專業人士佩服，讓普通人喜歡嗎？

我說當然不是，如果你為了積累，自己喜歡最重要；如果為了讓專業人士佩服，高深玄奧最重要；如果要破圈，簡單平實最重要；至於大賣與否，封面和行銷很重要。

今天看到這本《轉念，就會有奇蹟》，我想蘭雯排除了專業秀肌肉的雜念，丟掉了記錄過去的雜念，聚焦在踏踏實實地講故事、給工具上。至於能不能大賣，那就交給市場吧。但我相信，越是這樣的文字，越能走得很遠。

轉念是換角度看問題。

那天一個朋友問我，為什麼壞人這麼壞，卻好像沒有受到什麼懲罰，好人這麼好，也沒有什麼獎勵呢？老天太不公平了。她都開始想做個壞人了。

我說，能做一個好人，有件踏踏實實的事做，對未來有信心，對世界有勇氣，對別人有感恩，然後就這麼溫厚地一點點積累，偶爾碰見世界的機緣和奇蹟，這難道不是最好的回報嗎？

至於壞人，以我的觀察，他們現在過著心神不寧、一會兒狂喜一會兒躁鬱的日子，就已是很大的懲罰了。他們還要終日惶惶地等另一只懲罰的鞋子落地，這難道不是最大的懲罰嗎？

當個聰明的好人，本身就是種很好的獎勵。

你想做個好人嗎？

轉念有時候，也是更深、更遠、更不同地看問題。

公司有段時間很擔心女員工請產假，因為本來公司規模就不大，部門人少，一旦有人請產假，其他人就要承擔更多工作。但我和大家說，公司不僅僅是賺錢部門，還是社會公器。作為社會公器，鼓勵支持女性請產假，是件正確的事——我們都知道一個生育率低的社會會怎樣，但問題到了我們面前，我們是不是有勇氣承擔這個責任？大家開始認同這件事。我們還增加了給全體員工父母的重大傷病保險，以及給所有員工的心理援助。大家都認同，哪怕僅僅是相聚一段時間做點事，也要讓每個人做好員工，也要讓他們做好兒女和自己，這是更長遠的事。要把人當人，不是工具人。

所以，我也提醒各位，多幫幫年輕人。不為別的，只有年輕人熱愛工作，喜歡這個世界，他們才會繼續創造價值。換個角度看，世界就是如此深深相連。極致的善良和極致的聰明，都是一回事。

03

當然，我不是說，轉了念就會成功。如果有人告訴你只要像富人一樣花錢就能很有錢，有很大的機率是他想等著跟你收費。因為新的念頭產生到形成影響，還需要資源、時機、計畫、行動和一點點運氣。但至少，轉念的你有了一條你願意走、能走通的新出路——這比在十字路口糾結徘徊好多了！

何況，我們沒有必要擔心未知的事，因為我們已經知道如何面對這些未知：成為自己的心理專家，理解自己的種種念頭；更聚焦、更靈活、更長遠地看待問題；不斷地把思維的錨甩向更積極、更有能量、更能行動的地方；然後，抓緊這命運繩索，把自己拉進未來。

這就是轉念的奇蹟。

蘭雯是我很多年的朋友，這麼多年，我看著她從銷售職位走出去，接觸教練[1]這一行業，開始培訓，持續教研，開始創業，並不斷變成生活中閃閃發光的人。得經過多少次的轉念，才能讓一個人從紛繁複雜的念頭裡走到今天。

最難得的是，在千千萬萬次轉念之後，她還保持著真誠、熱切的自我。她會在和我備課的時候，眼睛發光地用便利貼寫下所有的好點子；會在每個出差的地方，找到最好吃的東西；會在每個課堂瞬間，丟出堅定的、不功利的回應。

這讓我相信，轉念只會讓自我更舒展，讓自我更靈活，而不會丟失自我。

1 教練，就是教練者透過和被教練者（學員）進行發人深省和富有想像力（創造性）的對話，讓被教練者發現問題，發現疏漏，發現答案。這種對話是一種擴展性的對話，可以讓被教練者看到更多機會、更多選擇，從而轉變自己的信念；這種對話也是一種動力對話，可以激發被教練者朝向預期的目標努力，不斷挑戰自己，做出積極改變。

推薦序二

在轉念中成為更好的自己

高琳／高管教練、有意思教練創始人＆CEO

大概十年前，我還是一個拿著百萬年薪的外商公司高管，但是那時候我隱隱約約覺得那不是我想要的生活。我真正想要的是什麼呢？而且，我已經四十歲了，我真的可以透過做自己熱愛的事情過理想的生活嗎？

我陷入了傳說中的中年危機，好在那時候我遇到了一位教練。有一次，他問了我一個問題：如果你現在八十歲，坐在搖椅上跟自己的孫子說「奶奶這輩子最驕傲的是……」，這個問題產生了轉念的奇蹟，讓我找到了答案。

過去十年，我完成了職涯轉型、創業，找到了自己和公司的賽道，並深耕於此。這個過程並不是一帆風順的，但是正如蘭雯教練在書中所說：**生命中所有的溝溝坎**

坎，都只為把你帶回正軌。

在這十年中，教練作為一個助人的職業，越來越廣泛地被人們了解和接受。不同於看書或上課，教練對一個人最大的支持在於挖掘潛力，減少干擾。當一個人能夠為你營造出安全的場域，讓你放心傾訴的時候；當一個人能夠認真聆聽你沒有說出來的情緒與需求的時候；當一個人能夠提出強而有力的問題，引發你深度思考的時候；當一個人可以給你勇氣，陪伴你去探索未知的時候，你會有什麼感受？當你可以面對更真實的自己時，又會為你帶來什麼樣的積極影響？

正因為我受益於此，我也希望教練這一行業能夠被更多的人了解，支持更多人的成長，讓更多平凡的人做出不平凡的改變，成為自己故事裡的英雄。

歸根究柢，所有關於自己的問題，能給出答案的只有一個人，那就是你自己！「教練」不過是那個在過程中幫你找到答案的人。

我相信轉念是必須的，也是可能的，祝各位讀者在轉念中成為更好的自己。

推薦序三

學會轉念，便掌握了幸福的密碼

張瑋桐／非暴力溝通踐行者與傳播者、鹿耳傾聽NVC成長中心創始人、心智模式改善專家、碧山村鄉村自然療癒發起人

一個人會轉念就相當於掌握了幸福的密碼。念頭從覺察到轉換其實是一個非常精微的內在工程，我也一直困擾於沒有一本能系統性地指導如何轉念的書籍。當蘭雯老師把她的書稿傳給我的時候，我幾乎是一口氣看完的，闔上書稿的那一刻，我不禁感嘆：終於有一本適用於我們生活背景和語境的轉念工具書了，而且這本書出自我的好友蘭雯之手，著實令人欣慰。

我們每個人都有自己的困擾和煩惱，這是一本教你如何與你的煩惱相處的工具書。如果你正掙扎在一段糾結痛苦的關係中，如果你正在為自己的未來舉棋不定，如

果你為孩子不寫作業不主動學習而煩心勞神，你都可以靜下來找到一個安靜的空間，捧起蘭雯這本《轉念，就會有奇蹟》。建議你在目錄中找到自己的困擾類別，讀一會兒跟隨書裡的練習思考一會兒，不需要太多時間，你會發現，你注意力的方向轉了，你的情緒轉了，態度和思維方式轉了，隨之而來的，就是你生活中的那個困擾不知道什麼時候變得微不足道了，這就是蘭雯的這本書帶給你的最佳禮物。

這是一本可以讓你邊讀邊實踐的工具書，正如蘭雯自己的人生旅程一樣，她的成長就是一路轉念的見證和奇蹟。她在這本書裡坦誠地談到了她的職涯轉型、離婚經歷、育兒體驗及她對精神世界的追求。在她娓娓道來的生命故事裡，在她輔導過的學員的真實案例裡，你都可以找到自己。在這本書的陪伴下，你可以成為自己的教練和導師，為自己賦能將成為可能。

蘭雯用她的生命奇蹟和愛意奉獻了她的第一本書，我相信每位讀者都能像我一樣從書中獲得無盡的智慧和啟迪。打開這本書的你，一定也能找到屬於你的奇蹟，因為生命本身就是奇蹟。

自序

轉變信念，改寫人生

一、爲什麼會有這本書

你對自己當下的生命狀態滿意嗎？你是否困惑於很多目標無法實現？你是否想要擁有讓自己更加滿意的未來？

想改變的人很多，但是改變似乎沒那麼容易。

你是很愛學習的人嗎？在知識極易獲取的今天，你是不是和我一樣報名參加了很多課程？聽書、讀書會、訓練營、實體課，甚至購買一些老師的一對一家教服務……

那麼，你為什麼要學習？

很多人說「學習讓我快樂」，沒問題。在學習的過程中，我們的思維得到了拓展，從人類天然的內在動力中獲得成長。能夠吸納新鮮事物，就會讓我們感到快樂。

學習能夠讓我們意識到自己的問題，對自己有新的發現與覺察，一個人如果一直重複相同的做法，將得不到新的結果。我們之所以日復一日沒有變化，很多時候就是因為我們不知道自己的問題出在哪裡，我們意識不到究竟是什麼在影響著自己。持續多年的慣性思維，若不能被看見，就會反覆影響我們每天的行為。

改變又是很容易的，因為它可以發生在轉念之間。

我們每個人在過往的人生中都經歷過大大小小的轉念時刻。**轉念就是轉變你對自己所在世界及所經歷人、事、物的看法和觀點。**

很多智者都將人的一生中每七年視為一個階段，不知不覺中，我已度過人生的六個七年，如今開啟了第七個七年。

大考失利，就真的完蛋了嗎？

十八歲那年，我高考失利。我所在的城市是先出成績再填報志願，然而不理想的成績，加上任性衝動的態度，讓我跟理想中的學校失之交臂。還記得，那短暫的一個星期，我一下子瘦了五公斤。我最後無奈地選擇了一個雖然自己毫無興趣，甚至聽都沒聽過，但至少在那時聽起來還算是不錯的科系——中藥資源。

就這樣，我進入了一所中醫藥大學，開始了大學生活。

我的大學在哈爾濱，那時從大西北到大東北沒有直達的火車，於是媽媽和我提前幾天出發，去北京中轉，也順便看看姐姐。彼時姐姐在北京一所大學讀大三。她的學校有偌大的校園、不同的階梯教室、來自各地的同學、豐富的選修課程……和我在電視上看到的大學一模一樣！我真的好興奮。看到美好校園的時刻，我內心對自己的負面評價、對求學的失落感緩和了很多，開始嚮往過幾天就會見到的自己的大學校園。

然而沒想到，我到自己的學校報到時，所見的一切與姐姐的校園反差巨大。我的大學校園居然沒有我的高中校園大，每天上課都固定在一間很小的教室裡……學校的一切與我對大學的嚮往完全不同，我的心情跌到了谷底……我開始對自己產生了很多責備和不滿，我常在內心對自己說：「還能怪誰？不都是你自己高三不夠努力！還有，你填報志願也太過任性了吧！」

帶著這樣低迷的狀態，我度過了大學的前三個學期。

大二下學期，在一次學校禮堂的大型文藝演出中，我看到台上學長、學姐們的表演，看到他們投入的狀態、喜悅的臉頰，我的心被觸動了，我好喜歡他們的樣子啊。就在那一刻，我的內在有了一些興奮，我似乎看到了光。

「我可以把大學生活過成我想要的樣子！」一個聲音從我的內在響起！就是那個聲音讓我醒了過來。那一刻，我一下子有了動力，我意識到，過去的已經過去了！**哪怕境遇再糟糕、再不堪，都已經過去了。未來尚未到來，我還有很多可能性**。

從那以後，我的狀態完全不同了。我積極參與學校的社團，充分投入興趣愛好裡，報名歌唱比賽，定期練習民族舞，每年冬季，學校的演出活動中都有我的身影。我每學期都獲得獎學金，還在課餘為幾個孩子做家教。

大學畢業時，因為擔心不好找工作，我準備在藥事管理領域繼續學習，最終以不錯的成績考取研究所，繼續在醫藥領域深耕，三年後成了一名醫學碩士。

放棄七年的專業，是不是太可惜了

研究所畢業後，我選擇回到家鄉進入一家藏藥集團做新藥研究工作。偌大的實驗室，常常只有我自己。每天我的工作便是和各種化學試劑、藥材粉末打交道，提取、蒸餾、混合、鑑定……滴管、燒瓶、燒杯、蒸餾器……做新藥研發於我們專業而言，真的是一份不錯的工作，然而我做得一點都不開心。我感到孤獨，感覺無趣，開始後悔我的選擇。

我該怎麼辦呢？如果說大學是高考失利後無奈的選擇，那麼研究所呢？不是我為了能夠在專業領域有更好的發展，自己決定繼續深造的嗎？可是此刻，我卻深深地感受到內在的不喜歡，如果這是我會持續下去的工作，對我來說真的太可怕了！我渴望與人交流，那麼，我要放棄嗎？我想起很多同學，他們都在藥廠工作，那麼，我還能去哪裡呢？

一天清晨，我一如既往地進入實驗室，用右手拿起盛有藥物和試劑的蒸餾瓶輕輕搖晃著放在眼前進行觀察時，突然聽到一個聲音：「**這不是我要的生活，我不能繼續下去了。我要追尋我真正熱愛的事情。**」這個聲音出現的時候，說實話，我被它嚇到了。因為彼時，我並不知道，如果我放棄這份看起來安定又與自己專業相符的工作，我還能做什麼，我還能去哪裡。

儘管如此，因為那聲音來得如此強烈、如此清晰，我還是堅定地遵循了內在的聲音，三個月後，我毅然決然地辭職了。

大學同學、研究所同學知道後，無一不驚訝於我的決定。我用了七年時間學習中藥，就這樣放棄了，難道不可惜嗎？然而在那個當下，我堅定無畏，聽從了自己內在的聲音，踏上一趟不知道會發生什麼、不知路在何方的未知旅程。

每當回想這一段經歷，我都會思考，是什麼讓我在當年如此勇敢堅定地選擇放棄所學專業？答案很清晰，**是對眼前生活的不滿意，是對未來生活的嚮往和渴望。而這背後，是我內在堅定的聲音：只要有可能，就要去追尋真正想要的生活。生命中最大的遺憾不是放下過去，而是從不曾為理想的生活去奮鬥**。與此同時，我聽到諸多外在的聲音，它們來自家人、朋友、同學，他們對我很熟悉，他們會經常對我說：「讀了七年的書，就這麼放棄了，太可惜了。」、「這樣做是不是太衝動了？」、「你怎麼知道你轉行了就能過得更好呢？」、「還沒有找到下一家就放棄眼前的工作，是不是太冒險了？」……

每個人內在信奉的聲音，自然會影響我們的行為。在聆聽自己內在的聲音與外界的聲音之間，我選擇了前者。而這對我來說就是**生命中一次巨大的轉念，它為我創造了踏上理想生命旅程的機會**。

那年，我二十五歲。如今回想二十五歲的自己，我特別為她感到驕傲和滿意。她，是清醒的，沒有因為過去的經驗綁架自己，而是選擇了追隨內心；她，是勇敢的，沒有因為還不知道路在何方就停下來，而是大膽嘗試；她，是積極的，沒有因為過去的失敗放棄自己，而是永遠對未來充滿希望。

有趣的是，**一旦你下定決心，很多事便會得到妥善的安排**。就在辭職前的幾天，我接到一家保險機構的電話，對方邀請我去面試。帶著很多未知，帶著內在對未來的嚮往，我離開家鄉西寧奔往從小便很嚮往的城市青島，開始了全新的職業冒險之旅。

走在路上，才有資格「問命」

來到青島，安頓好後，我便聯絡通知我面試的保險公司，約好時間，我搭上公車，坐在靠窗的位置，看著沿海美麗的香港中路，哼著小曲兒，非常愉悅地到達面試地點。和部門經理面談兩個小時，我被他的描述打動，我感覺自己有很多機會和可能性。於是，面試結束吃了午餐，我便直接插班進入新人培訓班，在這裡工作了兩年，從事保險銷售工作。

我從一線保險代理人做起，每天做著最平凡又重複的銷售基礎工作。我的工作是每天打五十通電話，固定去步行街發問卷給陌生人、蒐集電話號碼，接著再透過撥打電話爭取與對方進行深入溝通的機會。很多時候，我也會前往住宅區，每棟房子從八樓到一樓挨家挨戶敲門……電話被掛斷、吃閉門羹，對於那時的我如家常便飯，再平常不過了。也不知道當時自己哪來的勇氣和韌勁，就這樣日復一日地積累和嘗試。猶記得媽媽幫我做得最多的事，就是大約每三天便拿著我的高跟鞋去修鞋店更換被我日日奔波磨壞的鞋跟。

或許是勤奮感動了上天，不到半個月，我居然誤打誤撞在電話溝通中與我保險銷售生涯的第一個貴人相遇，拿下了第一個保險大單，這讓我有機會參與公司的內部競選，層層過關後成為公司的兼職培訓師，開始為公司內部員工進行產品知識、電話銷售技巧、商務禮儀等方面的培訓。從此，我踏入了自己無比熱愛的培訓分享工作。透過一次次培訓，我越來越清楚地知道自己喜歡什麼，熱愛什麼。

與超過十萬名學員的相遇，讓我看到改變是如何發生的

從那以後，我持續做培訓至今，一晃居然近二十年了。在這近二十年的時間裡，我經歷了培訓工作的各種職位，體驗了培訓領域的不同角色，從培訓機構的培訓顧問，到企業內部培訓管理者、企業大學執行負責人，再到企業內訓師，最終成為一名商業培訓師、創業者。在此期間，我與大量企業中高管接觸，他們的年齡大多在三十五到四十五歲，這是一個上有老、下有小的年齡段，這個階段的人是家庭的中心，也處於事業的關鍵期。

課堂上，我常問我的學員：「在最近的工作和生活中，你最想要什麼？最想突破什麼？」我給他們時間去書寫，然後請他們把自己的答案貼在一面我叫作「許願牆」的空白畫布上。將願望張貼後的他們開始彼此分享，我站在後面旁聽，並帶著無比敬畏好奇的心去瀏覽他們都寫了什麼。

如何能讓我更快樂？

我如何才能活得久一點，有更多時間陪伴孩子成長？

我怎樣才能瘦十公斤，回到從前的體重？

我怎樣才能結束和家人分隔兩地生活的情況？

如何平衡工作和家庭？

怎樣才能減少我的精神內耗？

看到這些願望，我的心情是難過而辛酸的，因為這些願望是那麼真實。我似乎可以在看到這些願望的同時，看到學員們那不在現場的愛人、父母、孩子，看到學員們曾經無比喜愛的自己；同時我也深知，這些願望在那個當下又是充滿挑戰與困難的。當我問大家，是不是真的想要實現這些願望？他們異口同聲地高呼：「想！」我的心為之振奮，也充滿期待，因為我和大家共同學習的過程，便是探索「如何將願望實現」的旅程。

成長目標涉及最多的莫過於：我要怎樣才能過自己想要的生活？我要怎樣才能真正去做我喜歡的事業？我要如何在人生關鍵的轉捩點做出讓自己安心的選擇？我接下來的職涯方向是什麼？

這個時代的我們，投入很多時間學習成長、探索方法、提升技能，想讓自己的工作與生活更好。那麼，是否真的存在一種根本的方法能讓我們過想要的生活？

當我不斷地深入參加各類身心成長課程，聆聽全世界不同體系、不同派別大師和培訓師的教導，廣泛閱讀個人成長類書籍後，我發現在所有這些成長體系的背後，都蘊含一條同樣的路徑，那便是支持人們去發現阻礙自己獲得幸福與成功、根深蒂固的想法和信念。

想要創造不同的人生，就需要摒棄過去限制性的想法；想要體驗非凡的經歷，便需要嘗試過去從不曾做過的事情；重複舊的做法，得不到新的結果。

我身邊不乏有成長型思維的終身學習者，他們真的太善於學習，學完一門課、聽完一本書，要點筆記、思維導圖、視覺卡片同步輸出。然而，為什麼學了這麼多，懂了那麼多道理，卻仍然過不好一生，生活依舊沒有多大的起色？

除了沒有真正學以致用、馬上行動解決問題外，還有一個隱藏很深的原因，那便是他們腦中的想法並沒有得到真正的升級：

很多人渴望豐盛的財富，聽了很多財富課程，但是骨子裡就是感覺自己沒有價值，覺得自己的東西不值得別人付費，感覺內心非常匱乏，總擔心錢很快會花光。

很多人嚮往美好的關係，跟隨老師的訓練營刻意練習，知道了很多技巧，學習了不少方法，比如怎麼好好說話、表達欣賞、了解對方、建立共同價值觀……然而，從小浸泡在父母吵架家庭氛圍中的人們，心底深處很難真的相信自己可以擁有和諧幸福的關係。

很多人努力獲得職位的升遷，學習向上管理、橫向溝通，卻總在內心懷疑他人的真誠，總感覺沒有誰是值得信任的……

是什麼讓我們學習了卻沒有改變發生？是什麼讓我們困在原地，難以突破？是我們對於過去的記憶與信念。

與之相反，也有人，每隔一段時間遇到他，總會發現他和上次見面時判若兩人。倘若你好奇地去探尋，一定會發現，**對方的變化常常在對過去想法和信念發生鬆動的那一刻，就開始產生了**。

生命中所有向好的轉變，都始於一次轉念。

這本書的閱讀與實踐過程，就是一趟發現自我信念的旅程，也是創造奇蹟的旅程。你會透過他人的故事，看見深藏於大多人內心的限制性信念，領悟這些信念及改變的本質，並學習簡單實用的方法，讓轉變真實發生。

念頭一轉，世界改變。轉變信念，改寫人生！生命就是恩典，奇蹟無處不在。

近二十年中，我接收到大量學員的回饋和分享，他們積極地與我交流互動，分享他們在人際、事業、健康、情緒等各方面獲得的驚喜改變。他們持續呼籲我出一本面向大眾的教練思維應用書。因此，**這本書不為專業人士所寫，而是為每一個想要在生命中創造積極改變的人而寫**。

二、如何使用這本書

這本書的組成

近二十年的時間裡，從最初聆聽幾個人的痛苦挑戰，到如今服務過上萬名學員，我回憶並嘗試梳理學員們遇到的問題和困境，發現了一個有趣的共同特徵：一個人在一生中最重要的領域莫過於以下四個方面——

第一，意義與夢想：這是每個人內心深處的渴望，是那些對我們重要的事情，是我們最想實現的理想未來，它指引我們前進的方向，幫助我們做出重要時刻的關鍵決定，無論是否清楚夢想是什麼，追尋的意義是什麼，每個人都被內在的這部分驅動和影響著。

第二，人際與關係：這是每個人與一生中所遇生命的互動過程，包括與自己的關係、與他人的關係。在關係中，我們不斷了解自己、看見自己，在不同的關係中，我們得以真正地修練與成長。

第三，思維與成長：思維決定情緒，情緒影響行為，我們的思維就是我們看待世界、思考問題的方式，是那些潛藏在我們腦中的想法。

第四，身體與行動：我們如何使用自己的身體，我們每天在做什麼。藉由身體與行動，我們才得以把所有腦中的構想轉變為鮮活的現實。

在思考這本書的架構時，我便是圍繞這四個人生的重要領域逐一展開。每一篇包括五個章節，每個章節由轉念故事、轉念奇蹟、轉念時刻、轉念肯定句四個部分組成。

這是一本什麼書

這是一本故事書。

每個章節由一個或幾個故事開啟，你會與二十多個主人公相遇，在他們的生命故事中，你或許會看到自己的影子，也會看到與你摯愛親友類似的經歷。這些故事是我見證過的真實故事，透過閱讀這些故事，我想你會更理解自己、更懂得他人，從而被一定程度地療癒，又或者得到一些啟發。

這還是一本思維拆解書。

故事雖然感人，卻無法真正讓生命有所不同。書中「轉念奇蹟」便是對故事本質的拆解，你可以看到故事之所以發生翻轉，背後的祕訣是什麼。超越現象，看透本質，未來才能快速洞察事情關鍵，不讓錯誤遺憾重複發生。

這更是一本方法書。

書中的「轉念時刻」給出了簡單實用的方法和工具，你可以透過練習，獲得支持自己發生正面改變的簡單實用技能，從而在自己的生命中創造改變，真正從「知道」到「做到」。

因此，我鼓勵你不只是去看，更需要去實踐，跟隨書中我為你提供的問句探索自己，應用書中的工具範本，花時間去梳理「你」——這個最值得探索的系統。一切問題的答案不在別處，而在你的內心深處。

此外，書中每章節都配有「轉念肯定句」，轉念肯定句是基於不同篇章內容的正面肯定句，每當你誦讀它們，便是在更深層的潛意識裡面轉變你的想法。它們是一份有力的提醒，確保你在正確的思維軌道上前行；更是一種能量的加持，時刻點醒你自己的身分是什麼，幫助你更清楚地認知你是誰。

如何閱讀這本書

你可以從頭至尾閱讀本書，也可以從你感興趣的篇章開始；你可以只看故事，也可以馬上學習轉念的方法，為自己的生命創造即刻的改變。

希望你在閱讀本書的過程中，平靜、喜悅、輕鬆、自在。

前言

改變生命中所有你不想要的現在，都需要一次轉念

到底是什麼在影響著我們

雖然看起來我經歷了很多波折和不如意，但是在內心深處，我無比慶幸。在一次次看起來失敗的時刻，我總是可以打敗頭腦裡恐懼、擔憂的小聲音。這些聲音常常是一句話，大多來自我們過往的經歷或自己生命中權威人士的告誡，比如父母、老師、長者、身邊厲害的人。

這些聲音就是我們的信念。

什麼是信念

信念就是那些你深信不疑的念頭和想法，你把它們當作了自己的真相。於是，它

們成了你評判人、事、物好壞對錯的標準，成了你接收與過濾訊息的篩子。

有些信念會助力你成長，讓你更好地實現目標，我們把它們叫作支持性信念。

比如：

我可以透過學習成長，改變我的命運。

過去的經歷雖然令我傷心，但是未來一定會越來越好。

支持性信念總會讓人感覺到力量和希望，你感覺到的是信心，看到的是機會和可能，生命是充滿彈性和空間的。

有些信念會阻礙你的發展及目標的達成，我們把它們叫作限制性信念。

比如：

大學讀了什麼科系就一定要做相關的工作。

女人，一定要溫柔。

男人有錢就學壞。

我只能靠薪水賺錢。

做了媽媽，我就不能做自己了，我的時間只能用在家庭和孩子身上。

限制性信念會讓我們的思維變得狹窄，我們會對外界的人、事、物形成自己的評判，就好像為自己安裝了一個過濾器，只會敞開接納符合自己想法的人、事、物，而把不符合的隔絕在外。

我們相信什麼，往往就會發生什麼。每個人的過濾器會為自己創造信念所呈現出的外在世界。

相信「大學讀了什麼科系就一定要做相關的工作」的人，無論自己對該科系有多麼不擅長、不喜愛，都會在工作中忍耐，而不會去尋找外界的機會和可能。

相信「女人，一定要溫柔」的女性，常常會壓抑負面情緒，即使被外界不公平對待，也常常會忍氣吞聲。

相信「男人有錢就學壞」的女人，會擔心丈夫變得富有，或者在丈夫擁有財富後懷疑、恐懼，又或者始終過著貧窮、普通的生活。

相信「我只能靠薪水賺錢」的人，其他的財富管道都被關閉，只會在工作中拚命努力，卻很難獲得豐盛的財富。

相信「做了媽媽，我就不能做自己」的女性，注意力會完全投放在家庭和孩子的身上，無暇關注自己的需求，在委屈、無奈、壓抑中日復一日地付出……

所以，能夠識別自己的信念是支持性的還是限制性的就顯得尤為重要。

限制性信念有哪些特點

限制性信念總是以一句話的形式呈現，而且常常有「一定、應該、必須、不得不、就得、要麼……要麼……、一旦……就會、就是怎樣、只能」等詞涵蓋在其中。擁有限制性信念，很容易讓我們產生「非黑即白」和「非對即錯」的反應。

想想看，你平時說哪些話的時候會加上這些詞語呢？當你用這些詞語與其他人說話交流的時候，其他人會有怎樣的感覺呢？

高中時我的朋友就很喜歡說一句話：「這個是絕對的。」

我和其他幾個好朋友每次聽到就會忍不住反駁：「為什麼是絕對的，你怎麼知道是絕對的，就沒有例外？」帶有限制性信念時，我們的確很容易引發別人反駁、質疑和對抗。

限制性信念是怎麼來的

不幸的是，限制性信念大多隱藏得很深，它們潛移默化地影響著我們的思維方式與行為，也為我們創造了當下的生活，卻常常不為我們所知。小時候，我們聽到什麼就相信什麼，看到什麼就把什麼當真，爸爸媽媽、爺爺奶奶、我們信任的老師說過的很多話、相信的東西也就成了我們信奉的真理，漸漸內化成我們的信念。

比如，很多人從小都聽過長輩說「賺錢是非常辛苦的」，他們也的確感覺賺錢是費力的、困難的，賺錢不容易。我有一個朋友是頂級業務，他的銷售業績很好，但是如果一個單子很輕鬆地來到他手裡，他總是會想方設法拖延成交，因為他不相信成交是可以輕鬆完成的。他從小就深信賺錢是一件很費勁的事。

我的一位好友，她的母親當年懷她的時候，受到了外界環境的很大壓力，因為知道懷的是女孩子，家族其他成員都要求她一定要繼續生育，直到生出兒子。然而她母親卻非常堅定地做了結紮手術。好友在長大的過程中，不斷體驗著母親內在強大的信念，「女孩子一定要自強，要比男孩子厲害」，這為她帶來了很深的影響。她從小讀書、長大工作總是在爭第一，一路拚到知名外商公司很高的職位，儘管如此，她卻從沒有感覺到自己內在的快樂和滿足，反而異常痛苦，也因此踏上了自我探索和成長的道路。她逐漸意識到媽媽的想法為自己帶來的影響，漸漸學習著一點點做回自己。

除此之外，我們在成長過程中經歷的重大事件，也會讓我們的內在做出一些決定，形成一些限制性信念。

比如，一位女性，四十歲那年離婚了，她沒有想到自己深愛了十五年的丈夫居然能和自己離婚。從那以後，她最常和我們說的話便是「男人是不可信的」，這句話成了她的一個信念，會在未來的親密關係中深深地影響她對男人的看法。你可以想像到，或許這位女性再也不會步入新的兩性關係中，直到她改變這個想法。

如何識別並突破限制性信念

在與大量個人展開深度溝通和合作的過程中，我有一個非常重要的發現，那就是**大多數人面臨困境或遇到瓶頸，幾乎都與限制性信念的識別與突破有關**。也就是說，在當下的生命階段，如果你遇到了困難，感覺很難突破，就是發現自己有什麼樣的限制性信念的絕佳時機。

其實，我們過往擁有的限制性信念在很大程度上都曾幫助過我們，「一心投入在工作上」讓很多人在進入職場的前十年不斷成長和突破，獲得了理想的職位和收入，然而到了四十歲左右，家庭和事業之間的失衡、親子關係和夫妻關係中的危機，讓我們不得不停下來，重新審視自己的生命要往哪裡去：還要繼續把全部的注意力投入工作中嗎？「一心投入在工作上」的信念在此時已經不適用了，是時候去突破和升級信念了。

另外，如果我們能夠對每日的生活工作保有覺察，也會更加容易發現自己擁有哪些限制性信念。**「看見」，即自由**。當我們可以帶著第三方觀察者的中立視角，抽離出來看待自己的所言、所思、所想時，我們常常會洞見自己已經自動運行多年的行為模式和思維方式。

好消息是，雖然我們每個人的出生背景、人生經歷有很多不同，我們人生中重要的生命階段和經歷卻都是極有規律的，所持有的重大限制性信念也是驚人的相似。

這便是我寫這本書的初衷。我的人生、我所培訓及輔導的上萬名學員的人生，就是在這樣一次又一次挫折中，不斷轉念成長的。**生命中所有向好的改變，都源自一次轉念。**

德國哲學家海德格說：「人活在自己的語言中，語言是人『存在的家』，人在說話，話在說人。」捕捉自己內在的信念，特別是那些已不再適用於現在的你的限制性信念，去看到它們、轉變它們，你便改變了自己的內在對話模式，也會讓自己的外在世界發生你想要看到的改變。

每個人都是有故事的人，每個人的故事情節雖然不盡相同，但是故事發生的過程卻總能引起我們極強的共鳴。透過這些故事，我們可以看到人們的限制性信念，以及用怎樣的方法和工具可以突破這些信念，讓我們的內心重獲平靜與自由，讓我們的生活和工作重獲突破與新生！這本書中的故事，是我在大量深度溝通工作中所聽到重複率極高的故事，它們觸動了我和很多人，我想也一定會觸動你。（為保護個人隱私，故事中的人名均為化名。）

第一篇

當你清楚自己想要什麼時，全世界都會為你讓路

01 夢想，原來觸手可及

轉念故事：我還能追逐自己的夢想嗎？

你有夢想嗎？

很小的時候，我們都有夢想，夢想當科學家、醫生、飛行員、老師等。慢慢長大，我們的夢想日漸被經歷消磨，那麼此時的你，還相信夢想嗎，還敢做夢嗎？你又是如何看待夢想的？

喜哥是我在培訓時遇到的一位班主任。那是一個冬天的清晨，我第一次見喜哥。他剛二十六歲，個子不高，戴著一副黑框眼鏡，做起班級管理來一絲不苟。我進入教室的時候，映入眼簾的是整齊有序的學員桌椅、豐盛可口的茶點，還播放著溫和清新的背景音樂，他已經把一切都安排妥當了。

見我走進教室，喜哥立刻上前迎接，幫我提包包，詢問我什麼時候出門的，來的路上是否順利，課堂上有沒有特殊需求……聽到這些周到的詢問，我的內心踏實又溫暖。雖然我們第一次見面，卻感覺無比熟悉和親切，也讓我對當天的培訓更加安心。

培訓順利展開，課堂氛圍熱情且快樂，除了培訓內容受到學員喜愛外，喜哥也得到了大家的喜歡。他每次上台發言，總會逗得大家哈哈大笑。在一旁聆聽的我不禁讚嘆：「這孩子可真有趣啊！」一天的培訓下來，凡是喜哥上台，總是學員和我都無比期待的時刻。

下午開課時，我才得知喜哥有一個夢想——做脫口秀演員。我們互相交換了通訊軟體，發現他的動態都是自己在下班後參加脫口秀演出的照片，並且都清晰記錄了場次和演出時間。

我不禁對喜哥產生了更強烈的好奇。

兩個月後，在另一個培訓項目裡，我們再次相遇。喜哥還是那樣，全心全意投入在白天的培訓管理工作中，晚上繼續奔赴他的脫口秀舞台。

一年後，無意間看到了喜哥的消息，他已經是一名全職脫口秀演員了。得知消息的那一刻，我發自肺腑地為他感到開心，我知道這開心背後有我對他的欽佩，還有一份塵埃落定後的釋然和安心，更有一份對他未來的美好祝願。

我好奇這一路他是如何堅持的？他是如何一步步實現自己夢想的？做出如此大的轉型，他害怕嗎？

其實，喜哥早在讀大學的時候，就對學業和未來的職涯發展感到迷惘困惑，於是決心走出校園後，多做一些不一樣的嘗試和體驗。他開始學習中文演講，其間無意中接觸了職業生涯規劃，感覺會對自己未來的職涯發展非常有幫助，於是參加了相關的學習。探索過程中他發現自己對表達很感興趣，於是有了想要成為一名講師的心願。

同班一位老師知道了喜哥的情況和需求後，建議他先從加入生涯規劃機構做一名班主任開始。喜哥感覺這的確是一條通往夢想的有效路徑，於是欣然接受了這個建議，並馬上開始行動，順利進入某家知名的生涯規劃機構，從培訓班主任開啟自己的逐夢之旅。

從做教學營運著手，這樣能真正踏入這個行業，觀摩成熟老師授課，也能讓自己對於這個領域的認知更全面，浸泡多了，機會也就多了。喜哥做事踏實細緻，教學營運工作做得出色，是機構中最受學員喜愛的班主任。

然而，想要成為成熟的培訓師，需要豐富的資歷和大量的實戰訓練，喜哥發現年輕的自己距離成熟的培訓師還有很遠的路要走，很多事並沒有最初想像的那麼容易。

同時，經歷了多年的教學營運工作，喜哥和大多數人一樣，逐漸感覺到職業倦怠。偶然的機會，他接觸了脫口秀，自然湧現的喜悅和興奮又一次從內在升起。也是在那個時刻，喜哥發現了一個對自己非常重要的真相——無論是成為講師，還是脫口秀演員，其實自己喜歡的本質是「表達」，而想要表達並不只有「成為講師」這一條路可選。

雖然成為脫口秀演員對喜哥這個新手來說依然是困難的，但是在喜哥看來，相對講師而言，脫口秀演員在初期的門檻會低一些，他豐富的過往經歷都可以成為素材。喜哥大膽開始了全新的嘗試。

他開始利用業餘時間學習和參加演出。為了更了解這個職業，他訪談了多位脫口秀演員，了解他們真實的職業現狀。他發現脫口秀演員的收入非常不穩定，這是非常現實的問題；另外，他無法一步登天。於是，喜哥決定分兩步走，先穩健地做教學營運，等到收入能養活自己後再轉行。

就這樣，喜哥繼續留在這家機構做教學營運，但是他投入脫口秀的時間越來越多，每當完成一天的教學營運工作，他便快速到達劇場演出，變身脫口秀演員，兩種角色切換自如，靈活又放鬆。

原本以為風平浪靜的雙軌切換工作就這樣了，老天卻給了喜哥一次重新審視自己的機會，他意外地患上了嚴重眼疾——視網膜剝落。在住院的一週時間裡，喜哥躺在床上，突然感慨健康如此重要，生命如此珍貴。

他常常問自己：「如果我真的看不見了，或者因為意外突然離開這個世界，沒有成為脫口秀演員，我會後悔嗎？」這個靈魂叩問一發出，喜哥內心的答案便出現了：「我會非常後悔，如果現在不做就晚了。」之後，喜哥對於脫口秀的喜愛更加堅定，在他看來，即使失明了，他仍然可以講脫口秀，依然可以站在觀眾面前去表達，去傳遞快樂。

之後，喜哥把自己的想法與身邊的人進行了溝通，得到了家人和女友的支持，也得到一路見證他努力、支持他成長的上司和同事的鼓勵。就這樣，他帶著信任與勇氣，果斷辭職，成為一名全職的脫口秀演員。

那年，喜哥二十七歲。

轉念奇蹟：把握夢想的五個本質，點亮你的每一天

或許你聽到「夢想」兩個字就會害怕，甚至想要往後退兩步。特別是當你已經工作五年、十年，甚至更久以後，你開始懷疑自己是否還可以做夢，是否只能安住在現實的生活日常裡。

擁有夢想，是人類最偉大之處，是人類才有的特權。

什麼是夢想

夢想是我們對未來的理想與渴望，如夢幻一般美好。如果一個人的夢想足夠清

晰，可以呈現出具體的畫面、場景，我們也可以稱之為「願景」。為了大家真正把握夢想對自己的積極影響，接下來我把夢想稱為「願景」。

願景，本意為「希望看到的情景」。這些年，我有機會去聆聽不同個體、不同團隊、不同組織的願景，在這個過程中，我漸漸想把願景定義為**「當願望實現時的情景」，它是一幅清晰的畫面**。

很多人對馬丁・路德・金恩的著名演講《我有一個夢想》（I Have A Dream）非常熟悉，演講內容是關於鼓勵黑人爭取平等和自由的，其中有大段內容描述了馬丁・路德・金恩憧憬的實現平等自由後的景象，不僅在當年演講時極大地鼓舞了廣大的黑人民眾，更成為如今很多演講愛好者學習的典範。我摘錄一段來看看——

我有一個夢想（節選）／馬丁・路德・金恩

我夢想有一天，這個國家會站立起來，真正實現其信條的真諦：「我們認為真理是不言而喻的——人人生而平等。」

我夢想有一天，在喬治亞州的紅山上，昔日奴隸的兒子將能夠和昔日奴隸主的兒子坐在一起，共敘兄弟情誼。

我夢想有一天，甚至連密西西比州這個正義匿跡、壓迫成風、如同沙漠般的地方，也將變成自由和正義的綠洲。

我夢想有一天，我的四個孩子將在一個不是以他們的膚色，而是以他們的品格優劣來評價他們的國度裡生活。

今天，我有一個夢想。我夢想有一天，阿拉巴馬州能夠有所轉變，儘管該州州長現在仍然滿口異議，反對聯邦法令，但有朝一日，那裡的黑人男孩和女孩將能與白人男孩和女孩情同骨肉，攜手並進。

今天，當你再一次看到這段演講文字時，你會有哪些發現呢？為什麼這場演講會如此打動廣場上的群眾？

這是因為馬丁・路德・金恩為所有黑人描述了一幅令人怦然心動的願景畫面。所有激勵人心的願景，可以讓人們看到畫面中的不同組成，看到相關的人、事、物和環境，看到細節、動作，看到顏色，也看到人物之間的互動，甚至可以聽到場景中的聲音，乃至更多。這一切會讓人們感到夢想其實是如此真實與鮮活，就好像可以用手觸碰到一般，人們的內在也會由此產生相應的感覺，比如激動、幸福、興奮、開心、滿足等。

有時願景中還會包含一些深層的隱喻，隱喻有時也常以畫面的方式呈現。比如：很多學員看到自己的願景時眼前浮現的是一大片青草地，那裡生長著一棵巨大的梧桐樹；也有學員看到的是一個有魔法的精靈，輕盈、百變、自在。

所以，真正能夠激勵我們的願景一定不是虛無縹緲的假設，不是華而不實的描述，而是具體的、清晰的，讓我們感覺活生生的、可以實現的景象。

區分願景與目標

很多人會把願景和目標搞混。**目標是人們做事希望獲得的成果**，我們在職場中常用的SMART原則就是目標制定的原則，目標包括具體的衡量維度、數字指標、時間限定等。所以從某種程度上來講，**目標包括很多理性的元素**，是經過頭腦分析、判斷、推理得出的，在企業裡隨時隨地可見的就是目標。

那麼願景是什麼呢？**願景是目標實現後的情景，也就是所有的任務指標都完成了以後會發生什麼，目標實現了會怎樣。願景常常是感性的，**是觸動內心的，是人們希望在達成目標後獲得的體驗。

願景極具個人色彩

不同的人、不同的事情、不同的週期，都會導致人們的願景非常不同；甚至面對同一件事情，同一個人在不同的時間節點都會對其有不一樣的期待。

舉個生活化的例子，減肥瘦身是很多人的目標。一個人可以有三個月減多少公斤的目標；可以有半年減多少公斤的目標；可能還會有一個三年的目標。在不同的時間節點，當想要的目標實現後，人們就可能看到不同的自己，看到自己與不同的人在各種不同的場合互動，這些階段性的目標讓人們看到了自己邁向成功時鮮活的樣子。

還是這個例子，即使目標都是想要在一年內瘦身十公斤，不同人的願景卻可能千差萬別。比如：一個人的願景是自己瘦了十公斤，就可以穿著五年前的晚禮服在她非常喜歡的一家餐廳展示她最愛的舞蹈；另外一個人則可能是瘦了十公斤後，能帶著妻子去愛琴海拍一組結婚紀念照。

所以，不要期待你一定會和別人有一樣的願景，也不要奢望你的孩子會因為你替他構建的願景而激動。每個人生而不同，每個人內在渴望的、可以驅動自己的東西，都是獨特的。

願景的四個維度

很多人說願景大而空，其實是因為我們大多數人都有誤區——願景都是努力很久以後才會實現的，它很遠，一時半會兒辦不到。那到底可以怎樣釐清願景呢？

我嘗試從以下四個維度來釐清願景：

第一，從願景的主體來看，願景可以分為：個人願景、團隊／部門願景、家庭願景、組織願景、社區願景、國家願景等。

第二，從願景的客體來看，願景可以分為：身體健康願景、職涯發展願景、專業技能提升願景等。

第三，從事情複雜程度來看，願景可以分為：一件事的願景（比如，常年加班的高管可以有時間和孩子過一個週末）、一個小項目的願景（比如，完成下個月的閱讀大數據分析）、一個大專案的願景（比如，完成部門轉型）等。

第四，從時間跨度來看，願景可以分為：一個月的、六個月的、一年的、三年的、五年的、十年的，甚至是一生的。

這四種對願景不同維度的區分常常會出現交叉，比如，每當新年伊始，很多家庭會圍坐在一起規劃全家新一年的願景，全家人一起暢想這一年有哪些願望，一定要實現些什麼，年底最美好的場景是什麼。

再如，企業裡研發部門研發新產品需要三年時間，他們擁有一個三年的願景（時間跨度），就是當新產品研發成功時會發生什麼，那時他們會看到怎樣的景象，畫面中會有哪些具體的人、事、物；還可能包括產品的願景（具體事物），也就是研發成功的產品是什麼樣子的，包括哪些功能特性；同時，他們可能在第一年、第二年都擁有階段性的願景（時間跨度），並且研發部有自己的部門願景（願景主體）。

所以，當我們談到願景，不一定都是宏觀的生命願景，也可以落實到非常細小、實際的生活和工作中去。

參與願景的創建才有激勵性和責任心

大多數願景讓人聽完後無動於衷，都是因為那種願景是被強加的，人們是被告知的，他們被認為需要認可和接受這樣、那樣的願景，也就是說人們完全沒有參與願景產生的過程。

反之，如果在願景產生的過程中，人們有情感、思維、身體等的參與，願景畫面中真的有他們，那麼將會有非常不一樣的效果。

有一家提供交通安全指揮調度技術及服務的上市公司，在公司成立二十週年慶典上邀請各部門員工暢想公司十年後的願景，結果讓總裁非常驚喜。他發現，員工能夠想到的遠超過高管的想像，員工構建的願景與公司已形成或計畫中的願景有那麼多共通之處，員工原來有如此多的智慧和熱情！

願景需要與人們產生共鳴和連結，人們能夠在其中找到自己，需要感受到自己對願景的貢獻，從而會承諾實現願景。**願景有多麼完美、多麼偉大不是最重要的，願景屬於自己才是真正重要的。**

轉念時刻：五個好問題讓願景觸手可及

每年年底，我都會為來年做願景展望，我和團隊也會舉辦「夢想成真工作坊」，帶領近百位夥伴一起為新年創建願景。現在我就和大家分享一下這個簡單有趣的創建願景方法。

準備：

白紙（A3大小最佳）、彩色筆、過期的彩色雜誌、剪刀、口紅膠。

還有最重要的——放鬆的、開放的、好奇的你自己。

接下來，問五個好問題：

第一，新的一年就要到了，對你來說這一年最理想的狀態是怎樣的？

第二，如果這一年有三個最重要的主題詞，會是什麼？

第三，這一年你最希望實現的願望有哪些？

第四，如果這些願望都實現了，你會看到什麼，聽到什麼？你的感覺如何？

第五，為了實現新年願望，你最關鍵的三個計畫是什麼？

在回答這些問題的過程中，你可以隨時記錄自然浮現的靈感、觀點和畫面，不用去思考是否合理，切記創建願景的過程要夠大膽、不設限。

你可以記錄關鍵字，放鬆塗鴉，也可以借助雜誌，將上面的圖片、文字剪貼下來裝飾、張貼在你的願景板上。

第一次做的過程不需要多麼完美無瑕，如果有必要，你還可以根據自己的喜好完善初稿。

圖1-1是一個願景板範本，僅供大家參考，不要被範本限制了創意哦。

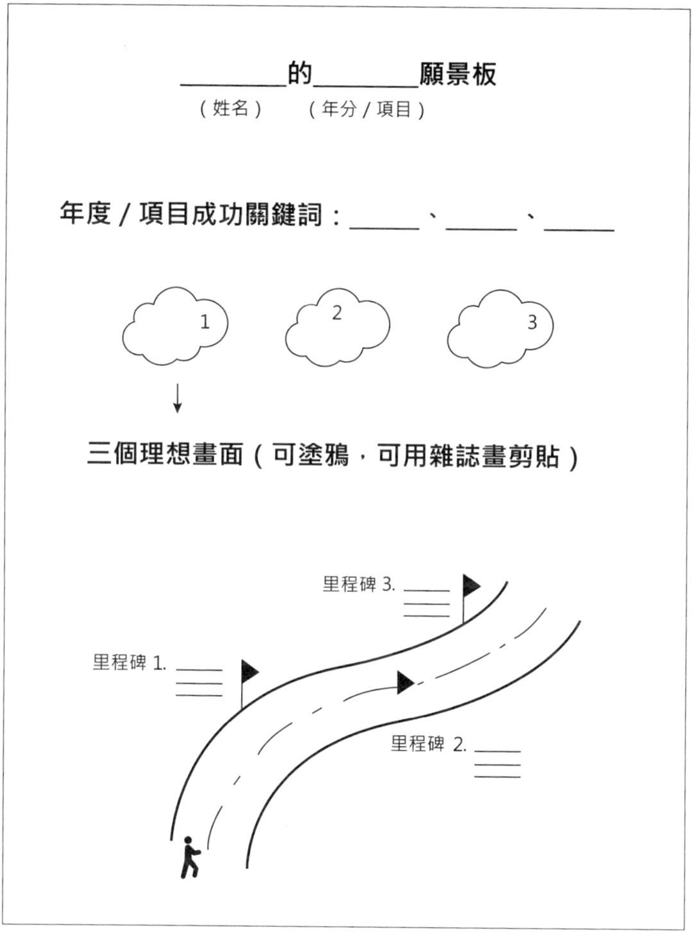
_______的_______願景板
（姓名）　（年分 / 項目）
年度 / 項目成功關鍵詞：_____、_____、_____
1
2
3
三個理想畫面（可塗鴉，可用雜誌畫剪貼）
里程碑 3.
里程碑 1.
里程碑 2.

圖 1-1　願景板範本

轉念肯定句

我任由自己的想像天馬行空。

每一天，我都朝向我的夢想。

02 你終日汲汲所求的，或許並不是你真正想要的

轉念故事：我想開始彈吉他，卻總也做不到

一次演示環節，我問大家：「誰願意做我這次談話的對象，探索自己近期想要實現的一個目標呢？」

教室裡一片寂靜，兩分鐘後，一位男士，歪著腦袋，望著我快速地眨了幾下眼睛，然後舉起了他的右手：「老師，我來！」我和全班學員一起為他鼓掌。

他站起來，上半身有些蜷縮，眉頭緊鎖，右手撓了撓後腦勺，然後緩緩地走到講台前，坐到我左手邊的靠背椅上，就這樣我們開始了這次對話。

我好奇地問他：「不知道這十五分鐘，你最想談的是什麼呢？」他雙手交叉放在

胸前，右手拿著麥克風，側臉看著我，停頓了幾秒，向左側歪了歪頭，眼神有點游移地向天花板看了看，說：「嗯，我想談談我彈吉他這件事。」

聽起來是一件小事，卻被他當作話題，我更加好奇這背後發生了什麼。於是我繼續問他：「你想談彈吉他的事，可以說說對話結束後，你具體想要收穫什麼嗎？」他便開始介紹這個話題的背景：「我是一家企業的負責人，平時真的很忙，今年更是如此，之所以說彈吉他，是因為我想要讓自己的生活多一些樂趣，不只是忙於工作。另外今年我非常忙，沒有時間陪老婆女兒，我不喜歡自己這樣的狀態，希望改變。」

我繼續問他：「那麼，彈吉他到底能為你帶來什麼呢？」他一下子靜了下來，左手托著拿著麥克風的右手肘，下巴搭在麥克風上，停頓了十幾秒，然後將頭向右側過來看著我說：「老師，你問了一個好問題，彈吉他會讓我感覺到輕鬆、平靜！我想要找回這樣的狀態，這樣的狀態對我來說非常重要，如果我能經常處於輕鬆、平靜的狀態中的話，我會更加平和地對待家人和員工，我的身體狀態也會好起來。」

我重複他說的關鍵字：**「你想要輕鬆、平靜。」**他回覆道：「對，就是這兩個詞，我想要這樣的狀態，非常重要。」

還記得他上台前身體有些蜷縮，可是此刻，我看到他眼裡泛著光，後背也自動挺直了，能感覺到他獲得了一些力量和支持。

我接著問他：「如果你真的活在輕鬆、平靜的狀態裡，和現在的自己相比，會有哪些不同？另外，怎樣能夠讓自己經常處在輕鬆、平靜的狀態裡呢？」聽到這兩個問題，他整個人都精神起來了，他已經活出了他想要的輕鬆與平靜（就在那個當下，我感覺到的就是那份輕鬆、平靜）。他開始和我分享：「今天我意識到我真正想要的是輕鬆、平靜的狀態，彈吉他只是其中一種方式，我還可以有很多選擇。比如，我可以去跑步，我很喜歡跑步；我可以晚上留出時間陪老婆和女兒，每次和她們在一起我都是非常平靜、輕鬆的；我還可以讓女兒教我畫畫……」

那一刻，他的身體開始放鬆地靠在椅背上，雙腿膝蓋敞開向外，滿意地點著頭，臉上露出非常自在的笑容。我和台下的很多同學都感受到了，對話前被困住的那個他，此刻已經活過來了，他看到了自己真正想要的本質——輕鬆、平靜，而不再受限於「彈吉他」這個形式。因為他真正想要的是輕鬆、平靜，那麼此刻他便可以找到輕鬆、平靜的感覺，並且可以在未來發現很多的方式去活出這樣的狀態。

轉念奇蹟：知道眞正想要的是什麼，此刻你就能擁有它

很多時候，我們總是感覺得不到自己想要的東西。

比如：我想買一間房子，可是還沒存夠錢；我想要一間屬於自己的工作室，可是我的影響力還不夠；我想和具有創造力的夥伴成為同事，可是我沒辦法換工作……我們總是會因為得不到想要的東西而感到沮喪、懊惱和失望。

真相是，我們想要獲得一件事物，並不只是想要這樣事物本身，而是想要透過它們實現自己更深層的需求，獲得更本質的滿足；我們真正看重的是事物能夠滿足我們的本質需求，能夠為我們的生活和工作創造價值和意義。

這個本質需求、價值和意義，其實就是我們內心深處無比珍視的價值觀的體現。

價值觀是什麼

到底什麼是價值觀？

其實，我們在理解價值觀的時候，並不需要找到權威的定義或說明。

價值觀，是對於「一件事為什麼重要」這個問題的回答。

同樣是創業，有的人看重創業的成就感，有的人看重創業帶來的富足感，還有的人創業是為了奉獻社會。

價值觀一直伴隨著我們。只是很多人在開始自我探索、內在成長之前沒有真正意識到它的存在。

那價值觀有什麼用呢？它的意義在哪裡？

整體而言，**價值觀最深層的意義是指引我們的人生方向，讓我們能夠活出自己。**日常生活中，價值觀時時刻刻都在左右著我們的選擇和決定。只不過很多時候我們在做選擇或決定時，並不知道我們的依據是自己的價值觀。

價值觀，與我們內在的情緒和情感有著非常深的直接連結，它是我們做一件事情的驅動力。因此，如果我們知道自己的價值觀，並且跟隨它，就能夠身心合一地做出人生的重要決定，在事情完成以後也會感覺放鬆、自在和滿足。

很多人到了三四十歲時會開始思考人生的終極問題：我為什麼而存在？我到底要怎樣繼續我的人生？我的人生到底要往哪裡去？

你是否也在深夜問過自己這些問題呢？

當我們能夠清晰認識自己的價值觀，並能遵循自己的價值觀行動，那麼我們的內心就是平靜和自由的。

價值觀的三個層次

價值觀是一個系統，而且一直在動態變化著。價值觀的形成與變化常常會受我們的人生經歷、家庭背景，包括一些重大事件的影響。

比如，有的人小時候非常喜歡自由探索，充滿好奇，但是因為一次小小的失誤，遭到了父母嚴厲的批評，他的內在便會做出一個判斷——好奇、探索是會受到懲罰的，於是，他可能會從此將「安全、穩定」作為自己新的價值觀。

你可能或多或少探索過自己的價值觀，發現自己的價值觀系統由很多詞彙組成，比如勇敢、自由、善良、愛、慈悲心……非常精練，卻非常有力量。

於是你或許會好奇，自己的這些價值觀之間是不是有什麼關聯。

在我看來，我們可以把價值觀系統分為三個層次（見圖2–1），這是一個從表層

圖 2-1　價值觀系統的三個層次

越來越深入的漸進過程。

第一個層次：方法／工具價值觀。

方法或工具價值觀，就是指我們為了達成目標需要用到一些手段、工具或方法。比如，我在日常溝通時很容易遇到這樣的客戶，當我問：「為什麼你要做這件事情呀？」他們一般會不假思索地說：「為了賺錢養家啊！」如果這個人以前沒有探索過更深層的價值觀，就很容易在一開始說出比較表層的價值觀，也就是為了實現最終目標所用的方法、工具和路徑。

再如，很多人想要創業，所以他們認為賺錢能實現這個目標。在前文提到的故事中，我的那位學員也是如此，他將「彈吉他」當作重要的事，是他實現自己目標的方法和路徑。

所以，我們可以看到**「方法／工具價值觀」其實是在行為（doing）層面的價值觀，是關於「如何做」的**。然而很多人以為這就是自己真正想要的東西，於是會在得不到時感到失望、沮喪和懊惱，也會產生自我否定。

第二個層次：目的價值觀。

我和大量客戶溝通的時候，一旦對方談到了工具或方法價值觀，我會意識到這只是對方所追求事物的表層，於是我會繼續帶領客戶探索：「如果你真的賺到了需要的金錢，這對你又意味著什麼呢？」或「如果你真的賺到錢了，那麼你會獲得什麼呢？你更深的追求是什麼呢？」

此時他們的回答常常會帶出更深一層的價值觀，這個層次的價值觀就是**目的價值觀，指的是人們做一件事背後更深的意圖和目的。我們把這個層次的價值觀歸到 having 的層面，也就是一種「擁有」或「得到」的感覺。**

某些人的回答可能會是：「那我就會擁有非常穩定的收入，我的家庭就會更加安全。」「安全」和「穩定」這些詞，就是這個人的目的價值觀，他想擁有穩定、安全的感覺，透過賺錢這個方法或工具，能夠得到「安全」和「穩定」。

對於想要「彈吉他」的學員來說，彈吉他只是他想要實現「輕鬆、平靜」狀態的一種方法，「輕鬆、平靜」才是他真正想要擁有的狀態，這種狀態能真正支持他活出自己想要的人生，實現更多的目標。

價值觀越深入，我們就越能將自己內心的情感和意圖相連，便會更加清楚地知道自己在做一件事情時更深層的追求是什麼，這件事對我們的驅動力和影響也就更大。

第三個層次：核心價值觀。

圍繞賺錢這個例子，我們繼續發問：「如果你真的為你的家創造了安全和穩定，那麼這對於你來說更深層的意義是什麼呢？」、「如果你真的為你的家庭實現了這一切，你會成為什麼樣的一個人呢？」當我們進一步提出類似的問題時，他的內在是不是會浮現出來更深層的價值觀詞彙，比如愛、自由、喜悅、平和、存在感，等等。

越深層的價值觀，似乎就越難用語言去描述，只能去體會，有點只可意會不可言傳的味道。這些詞語就是一種存在的狀態，是being，也就是「成為」。這就是我們談到的核心價值觀。

在實現自己目標的過程中，我們如果了解了自己的核心價值觀，便觸及了自己內心深處追求的本源、最根本的渴望，就能夠知道自己為什麼一定要去追尋一個東西，當回看自己過往的人生，我們也會突然了悟自己一直想要做的事情真正是什麼。

每個人都會有核心價值觀。隨著自我探索的深入，大多數人會在三十五歲到四十歲左右的時候，有機會跟自己的核心價值觀做一個連結，這也是為什麼我們經常說四十歲左右是人生最困惑的階段，每天都在思考：我為什麼而存在？我這一生到底要做什麼？隨著年齡的增長、自我探索的深入，最終我們會越來越聚焦於最重要的一個或幾個核心價值觀，隨後完全穩定下來。

我們越早意識到自己的核心價值觀，就越早清楚自己的人生方向：我們的人生到底要往哪裡去，這一生到底希望留下些什麼，希望自己成為一個怎樣不一樣的存在，能夠創造怎樣的生命體驗，等等。一旦我們發現了自己的核心價值觀，我們的內心就會非常穩定，就不容易被別人的觀點、行為，包括外界發生的事情所影響。我經常開玩笑說：「我有核心價值觀，我什麼都不怕！」**找到自己的核心價值觀，就能夠守住自己的中心，如如不動，聚焦在自己想要做的事情上。**

不同層次的價值觀對我們會產生怎樣的影響？

仍舊是賺錢這個例子，很多人每天只盯著賺錢，因為他們認為只有賺錢才能夠實現自己的目標。但是假如一個人探索到了更深層次的價值觀，他會怎樣？一個人想要賺錢，最後他意識到自由與愛才是他內心更深的渴望，那麼對他而言，每個當下他都可以做一些讓自己能夠體驗到自由與愛的事情，而不是賺到了想要的錢之後才能享受充滿自由與愛的生命。比如：他可以每天抽出固定的時間獨處，做自己特別想做的事，這段時間他就能完全體驗到自由的感覺；他可以每天晚上入睡前回顧一天值得感恩的事情，這個過程中內心就充滿了愛與溫暖。所以，通往自由與愛的路徑，有非常多的可能性，並不只有賺錢這一條路。

核心價值觀是我們每個人內在渴望的存在狀態，它能夠將我們的日常行為與自己想要成為的樣子、想要實現的夢想整合在一起。一旦我們釐清自己更本質、更高層次的需要，我們就會看到自己有非常多可能性，可以做很多事情，有更多條路去選擇。

對於人的價值觀體系來說，**從方法價值觀到目的價值觀，再到核心價值觀，價值觀的數量雖然是在遞減的，但是它們為人們生活創造的可能性是越來越多的，帶給生命的影響是越來越大、越來越深的！**

請列出你近期最想實現的目標，記得你要做的不是只盯著那些看起來的「我想要」，而是需要問問自己的內在：為什麼我想要它，擁有它能為我帶來什麼？

一旦知道自己真正想要的是什麼，你就能擁有它，也就有無限可能性去實現它！

轉念時刻：三個方法帶你與自己的價值觀相遇

了解了價值觀的重要性，我想你或許能從自己想要實現的目標背後看到自己內在深層的需要。那麼，到底怎樣能更有效地找到自己的價值觀，而不被自己想追尋的外在事物「蒙蔽」或「干擾」呢？

我想與大家分享三個非常好用的方法，常常練習，你就會和自己的價值觀相遇。

方法一：厭惡轉角遇到愛

有意思的是，在工作過程中，我發現很多來訪者最初很難知道自己想要什麼，卻能很輕鬆地說出一大堆自己討厭的東西。這也是很多人聚在一起就會自動開起吐槽大會的原因，說「厭惡」比說「喜歡」似乎簡單得多。

好玩的是，**所有你厭惡的東西，都加入了你的能量和注意力**。其實，你那麼討厭一個東西，恰恰是因為你想要的是它的反面，你在表達自己厭惡時的憤怒和不滿，恰恰是在呼喚自己想要的部分，只是你沒有意識到罷了。

你討厭家裡人把東西隨意亂放，是因為你喜歡整齊、簡潔；你不喜歡你的先生在角落裡獨自玩遊戲，是因為你喜歡家人在一起時的和諧與親密；你厭煩爸媽總是插手你的生活和工作，是因為你渴望獨立、自由與空間……

趕快拿起筆來，把你日常最討厭的、反覆讓你煩惱的事物都列出來。

記得一定要寫出你討厭這些事物的哪個方面，為什麼討厭；接著寫下這些詞語的反義詞：

我討厭／厭煩＿＿＿＿＿，這讓我感覺到＿＿＿＿＿，因為我喜歡＿＿＿＿＿。

恭喜你，在填空題的最後一個空格處，你寫下來的詞語就是你的價值觀。

方法二：榜樣人物的閃光之處便是你的內在渴望

每個人都有自己欣賞的榜樣人物，他們可能就是每日共處的父母、上司，也可能是在世界範圍內讓人無比欽佩的企業家、領袖人物，還有可能是已故的智慧先賢……**你之所以欣賞和欽佩他們，恰恰是因為他們身上有你內在非常看重的特質和精神，這些特質和精神就是你的價值觀的體現。**

現在，請列出一到三位你非常欣賞的榜樣人物，想想看，你最欣賞他什麼，你為什麼如此欽佩他？用三個詞來表述，完成下面的填空。

我最欣賞的榜樣人物是：

（1）姓名：＿＿＿＿＿，我最欣賞他的＿＿＿＿、＿＿＿＿、＿＿＿＿。

（2）姓名：＿＿＿＿＿，我最欣賞他的＿＿＿＿、＿＿＿＿、＿＿＿＿。

（3）姓名：＿＿＿＿＿，我最欣賞他的＿＿＿＿、＿＿＿＿、＿＿＿＿。

所有這些優點，都是你的價值觀。

比如：我最欣賞的一位榜樣人物是早年在印度學習時遇見的一位導師，我最欣賞他的幽默、智慧、從容。

「幽默、智慧、從容」就是我的價值觀。

方法三：追問三個為什麼

此刻的你，最想實現什麼目標，最想要的是什麼？

不要被目標本身限制，你需要問自己逐層深入的三個「為什麼」，才能知道自己內心深處真正渴望的是什麼。

比如：我想要寫一本書。

第一個為什麼：「為什麼我想要寫這本書？」

答案：我想要透過這本書**記錄和傳遞**自己近二十年踐行教練工作的**體悟和智慧**，讓更多人**受益**。

第二個為什麼：「為什麼想要記錄和傳遞體悟和智慧，讓更多人受益？」

答案：因為教練思維能讓學習者和踐行者收穫**積極**、**平衡和豐盛**的人生。

第三個為什麼：「為什麼讓人們收穫積極、平衡和豐盛的人生對我這麼重要？」

答案：因為我堅信世界是**豐盛**的、**美好**的，我想要成為引領人們活出豐盛美好人生的**溫暖**管道。

上面是我的例子，如果仔細看追問三個為什麼的過程，你就會發現我的價值觀不斷地深入：從「記錄、傳遞、體悟、智慧、受益」，到「積極、平衡、豐盛」，再到「豐盛、美好、溫暖」。

當你按照上面的方法找到自己的價值觀後，你需要在自己的生活和工作中時常與自己的價值觀保持連結，在每一天踐行你的價值觀。

你可以——

將代表價值觀的詞語寫下來，放在自己可以經常看到的地方，提醒自己。選擇能夠代表自己價值觀的玩偶、圖畫、飾品，隨時陪伴自己。我的一位好友的核心價值觀是「愛、真實、流動」，當她把這三個詞語放在一起的時候，她腦子裡出現了一把鑰匙和一顆心，於是她找到了這樣的一條項鍊，每當她把項鍊戴在脖子上，就能體會到這些詞彙帶給自己的能量與支持。

發現能體現價值觀的群體並靠近他們，參加體現價值觀的活動，沉浸其中。

轉念肯定句

每一樣我厭惡的人、事、物，
都可以讓我發現真正熱愛的東西。
當我弄清我真正想要的是什麼時，
我便擁有了實現它的無限可能性。
當我明白我想要的事物的本質時，
我在此刻便能擁有它。

03 世間最大的幸福，莫過於做自己熱愛的事

轉念故事：可以透過做自己熱愛的事過理想生活嗎？

小雪透過朋友介紹找到我，我們約好用電話進行溝通。那年她二十九歲，化學系碩士，畢業後在杭州工作了兩年，做的是與自己本科系相關的工作——研發治療腫瘤的藥物，後來又從事血糖機銷售工作，還在一家教育機構做過化學教師……她做了很多嘗試，卻感覺不到幸福。

我好奇地問她想要透過我們的溝通獲得什麼，她便開始描述自己面臨的困境。

在現在的工作中，她不太能感受到幸福，每天很忙碌但是感覺不到充實，也很少會感覺到內在的成長，所以她時常會迷惘無力。她渴望更自由的表達，想要尋求更多

同頻的夥伴，然而這個人際互動與社交的需求在很大程度上被工作環境限制了……

我好奇地問她：「那你希望自己是什麼樣的呢？」

「我希望自己能勇敢表達，盡量真實！」

我進一步詢問：「勇敢、真實對你到底意味著什麼？」

她說出了內心深處隱藏很久的心願：放下自己化學專業的碩士學位，依循自己的愛好做出一些成績。

那麼，到底什麼才是小雪的愛好呢？插畫。

你是不是有些替小雪擔心？難道小雪要放棄化學專業，開始做插畫家嗎？

你的內在是不是會升起這樣的聲音：「哪有那麼容易？都快三十歲了，這得冒多大的險啊？！」

是的，這真的不容易。這樣的轉變意味著全新的開始，意味著小雪要放下過去的積累；意味著她需要投入比過去更多的時間，一方面繼續現在的工作，一方面學習插畫，進一步發展自己的興趣愛好；還意味著她需要更大的勇氣和真實來面對外界的質疑和壓力。

可是內在的熱愛是騙不了人的。

小雪非常希望能夠從事一份自己興趣愛好所在的工作，能夠深入下去，並且獲得成就。在對話裡，她越來越清楚自己想要什麼，她對插畫的熱愛是如此強烈，當我們一起展望未來一年的理想生活時，小雪腦中所看到的畫面無不透露著她自己投入在插畫世界裡的幸福、愉悅和滿足——她看到自己有專門的工作室用來創作，甚至清楚地看到自己在電腦前畫插畫的樣子，就連電腦上是怎樣的一幅插畫她居然都看得清清楚楚。當她看到這一切的時候，她的內心感動而興奮，她對自己說：「我看到那樣的自己真的好厲害呀！」

最讓小雪心動的，就是「我真的成了一名插畫家」。這個轉變為她帶來的是無可替代的個人特色，是自由的工作空間、越來越豐厚的收入，以及可以真實表達自己內心想法的技能。

當小雪越來越清楚自己想要的未來長什麼樣子時，她整個人都變得閃閃發光。對話之初那個帶著恐懼、擔心的小雪就像變了一個人似的。

那次對話結束前，小雪確定了接下來一年的規劃。她希望透過一年的時間，在自己熱愛的插畫領域裡做出一些成績來。

最後我問她，這次對話她收穫了些什麼？

她用堅定有力的聲音回答我：

直面生活，看清自己！我要守住自己的幸福。

要相信自己有選擇的能力，要堅持下去，不停地嘗試！

要對自己有耐心，相信自己能做到。

任何事都不是一下子就能做到的，需要時間展現，需要不斷磨練，但是首先要對自己有信心。

很多話如果在平時聽，可能感覺像雞湯，然而當小雪說出來的時候，我感受到的是她內在的平靜和堅定，還有對自己的接納和允許，那是一種身心合一的力量。

結束對話前，她還為自己接下來實現轉型制定了非常清晰的行動計畫——

十月開課後每天畫畫，當天畫完後發布到自己的社群網站；當晚便開始在自媒體平台分享作品，經營自己的帳號；做有益的事情，提供他人幫助，協助零基礎的夥伴學習插畫，比如自己繪畫時拍照、分步驟畫，從網路管道做起；自己主動帶領生活，成為生活的主人；她還為自己訂下了第一個里程碑……

那次對話後我對小雪保持著關注，現在的她，已經是「不晚君」啦！

我看著她一點點投入更多的時間和精力在自己熱愛的事物中，每一天我都可以看到她的插畫作品，可愛、鮮活、充滿熱情和生活氣息，她也開始持續開設插畫課程，現在她在全平台擁有近十萬粉絲，並且有了自己的插畫事業，還著有關於插畫的書。

轉念奇蹟：莫名吸引你的事物，透露著你的未來方向

可能你會說，像小雪這樣有勇氣的人太少了，大多人都無法突破職業困境。是的，的確如此。然而世界絕非只有南北兩極，事物並不是非黑即白。你最需要問自己內在的一個問題是：**為了能做自己真正熱愛的事，我願意付出的是什麼？**

如果完全投身於自己熱愛的事情是十分，完全沒有機會做自己熱愛的事情是一分，從一分走到十分的路，便是我們可以為之而努力創造的過程。**重要的是我們有多強的意願，以及我們是否清晰地知道自己到底熱愛什麼**。

有一次直播主題是「發掘天賦」，我帶著直播間的觀眾們透過提問來探索自己的天賦熱情，大家都非常興奮，不斷在聊天區分享自己找到的天賦熱情，只有一位女士每次都回答「我沒有答案，我想不到」。雖然看不到對方的臉，我卻強烈感受到她在日常生活和工作中對自己的關注太少了，注意力幾乎都投放在了孩子、家庭等向外的部分。我嘗試問她是不是這樣，她的回答是肯定的。

如果你和她一樣，不知道自己到底可以做些什麼，感覺生活就是重複的，沒有什麼可以讓自己感到熱情和興奮，或許是你已經很久沒有好好和自己在一起，很久不曾聆聽自己內在的聲音了。

每個人都可以透過各種測評去了解自己擅長和熱愛的事，也可以請身邊對自己很熟悉的人進行回饋，讓別人告訴你答案。但是我更想告訴大家，**其實最了解你的人是你自己**。

你能多花一些時間和自己在一起，在做事、與人交往時多一些對自己的覺知的話，你便能知道自己喜歡什麼、熱愛什麼、會為什麼而心動。**你未來的職業和生活方向，不在別人的嘴裡，不在權威的判斷裡，而在你自己的內在。**

那些你喜歡運用的技能、你樂此不疲投入的領域、莫名吸引你的事物，都透露著你的未來方向。

轉念時刻：十二個問題，發現你的天賦熱愛

問題，就是答案。

接下來的十二個問題，每一個都很簡單，你需要做的是找一個安靜的空間和不被打擾的時間，逐一用心回答。如果需要，在每看完一個問題後，你都可以輕輕閉上眼睛，等待答案自然浮現。我非常推薦你使用便利貼來記錄答案，便於整理和發現規律。需要注意的是，寫的時候不要做任何評判，比如：這個太不可靠了吧，怎麼這麼多……你只需要不停地寫，即使不同問題的答案是重複的也沒關係，把它們全都寫下來，你會發現很多關於自己的祕密。

發現天賦熱愛的十二個有力問題分別是：

（1）哪些事你能非常輕鬆就做好？
（2）別人經常誇讚你的事有哪些？
（3）從小到大你的朋友最喜歡你什麼？
（4）你最喜歡做哪些事？
（5）你樂此不疲參與哪些活動？
（6）一有時間你就會去做的事是什麼？
（7）你最希望自己在什麼領域成為高手？
（8）你從小到大傾注過熱情的事有哪些？
（9）生活和工作中做哪些事會讓你充滿熱情與活力？
（10）你極度渴望向他人傳遞的是什麼？
（11）什麼事即使不給你錢，你也願意做？
（12）你做完一次還想馬上做第二次的事是什麼？

你可能會發現問題的答案有點多，也有不少類別。

接下來，你可以跟隨進一步的提問來梳理答案，進行分類，去發現它們之間的關係以及未來的可能性。

請看看你寫下的所有天賦熱愛，你有什麼發現？比如：「分享」出現了很多次，都和工作無關。

假如所有這些天賦熱愛都能在你身上得到充分發揮和整合，你覺得未來的自己會是什麼樣子？比如：我會看到一個非常輕鬆、享受每一天的自己，每一天都非常愉悅，全心全意投入在自己熱愛的事情上，非常高效專注……

如果你的天賦熱愛能融合在一起打個比方，你會把它們比作什麼？比如：我想把天賦比喻成一棵大樹。

請把你寫下的天賦熱愛的貼紙放到天賦比喻的不同位置。比如：有人把「樂觀」放在了大樹的根部，意味著樂觀是自己身上非常獨特和根本的特質。

看看不同位置的天賦是如何合作的，它們未來可以如何更好地支持你過自己想要的生活？

圖 3-1　準備工作

下面的內容是我的學員跟隨這十二個問題進行自我探索的示範（配圖及說明：覃珊）。

圖3–1展示的是準備工作：清理好桌面，確保乾淨寬敞，準備好充足的便利貼、彩色筆，以及一張A3大小的白紙。

圖3-2展示的是跟隨十二個問題自由書寫你的答案。

請注意：回答問題前請讓自己進入放鬆的狀態，伸展身體、做深呼吸等方式都可以，當你足夠放鬆，就更容易探索出自己豐盛的天賦才華。過程中，所有自然冒出來的答案都是好答案，都請寫下來，一張便利貼寫一個答案，答案的數量不限，

圖 3-2 跟隨十二個問題自由書寫答案

寫完後自由地張貼在桌面即可。

請一定不要對答案進行評判，沒有好壞對錯。如果需要，可以用數字標出寫下的答案回答的是第幾個問題。

圖3-3和圖3-4展示的是整理歸類的過程。對寫下的便利貼進行整理，同類的放在一起，看看取個什麼名字比較適合。

圖3-5展示的是覺察與創造隱喻。看看你寫的答案有哪些類別？每一類分別指的是什麼？各類別天賦之間是什麼關係？當你充分地將這些天賦熱情發揮到極致的時候，你是怎樣的狀態？如果用一幅圖畫來整合你的天賦才華，你會想到什麼？將你想到的圖畫畫下來。

圖 3-3　對答案進行整理歸類

圖 3-4　對答案的最終分類

圖 3-5　覺察與創造隱喻

接下來，我想邀請你帶著上面梳理得到的啟發，制定下一步的「改造計畫」，讓你的未來生活被你的天賦與熱情填滿。

從很簡單的改變開始，每次多投入一點，你會發現你越來越愛自己，越來越熱愛生活的每一天，也越來越有可能成為這世上獨一無二的你。

轉念肯定句

我的生命有一個更高的目標，
這個目標是我帶給世界的特別貢獻。
當我發揮自己的最高才能時，
我自然會對別人有所貢獻。
我對理想生活的夢想，
正指出了我的潛能和路途。

04 穿越生命至暗時刻，洞見生命的意義

轉念故事：爲什麼受傷的總是我？

一天傍晚，我和往常一樣，和女兒在社區對面的公園散步。一位外地的好友非常迫切地聯絡我，想請我為她的妹妹做一些輔導。留言裡她簡單介紹了妹妹最近遇到的困難，作為姐姐，她很希望我可以透過對話的方式支持她妹妹度過人生中最黑暗的這段時光。

我很為妹妹的經歷感到難過。她最近離婚了，孩子歸前夫，同時因為不小心上當受騙，一下子背了三十萬元的債務。我想，換作任何一個人，這些也都是致命打擊。

經過好友安排，我和妹妹開始自由溝通。我們很快約定了第一次的對話時間。

第二天晚上八點，我們如約撥通電話，開始了一段不知會去向哪裡的對話。每一次的對話都是如此，我只知道我要做的是什麼，就是憑著那份純然的信任、好奇和開放，帶著陪伴的心和對方一起去探索對對方無比重要的生命議題。我需要的是透過對話陪伴妹妹從困難的經歷中走出來，並且讓她對未來充滿信心。

那麼，她想要的是什麼呢？我們的談話就從這裡開始了。

我好奇地問她想要從對話中收穫什麼時，她沉默很久，然後像睡了一覺後剛剛醒來的小孩，柔和地和我說起她最近遇到的所有糟糕經歷。

第一次的對話七十分鐘，大約有四十五分鐘的時間，我就只是在電話這頭安靜地聆聽。我聽到妹妹對自己生命的不解：「我一向待人友善，沒做過什麼壞事，為什麼會遇到這麼多事？我的先生用各種狠毒的語言諷刺挖苦我，我很痛苦。現在離婚了，我很想孩子和我一起生活，可是我和孩子的關係也出現問題，孩子也離開了我。我還有三十萬元的債務要還……我的生活變得一塌糊塗，真的不知道該怎麼辦了……」

她微微顫抖的聲音中充滿著委屈、無奈，有時她的聲音還會突然變大，那升高的音調中傳遞著她對命運不公的憤怒、怨恨和絕望。

人們一旦沉浸在悲傷痛苦的經歷中，就會像深陷泥沼，難以自拔。妹妹就這樣不停地向我吐露著壓抑許久的心聲。

從專業角度，我可以打斷她，然而我並沒有這麼做，我只是陪著她，讓她把積壓在內心深處的話統統說出來。**有些時候，負面情緒只有得到了充分的釋放，人們才能準備好去面向全新的未來。**

妹妹經歷的那些糟糕事件，伴隨著她的強烈情緒，翻江倒海般一股腦被傾吐出來。然後，突然地，她靜默了，好像在等待著什麼。

「我聽到了，我知道了，你經歷了很多很多。那麼，未來你想要怎樣的生活呢？如果發生的一切都不復存在了，你內心深處全新的未來會是什麼樣的？」

此時的妹妹，好像被人從烏煙瘴氣的房間拉到無限廣闊的山頂，那些過去都被踩在腳下，只要抬頭看看天，未來的美好藍圖就在空中，像一幅畫卷一樣在眼前展開。

妹妹看到的，並不是什麼宏偉的生命藍圖，也不是什麼激動人心的夢想，而是最幸福的小小日常——她希望生活可以恢復到從前的樣子，每一天都可以發自內心地笑；在公園裡自由地散步，去感受生命的鮮活和樂趣；白天，可以全心全意投入工作；下班後，能和愛人分工合作，帶著愛去陪伴和照顧孩子；節假日的時候能一家人去旅行，消除忙碌後的疲憊。

也許是生活中突如其來的重創帶給妹妹巨大的打擊，這些看起來稀鬆平常的小幸福此時對她是如此彌足珍貴。

當她去展望未來生活的時候，她突然和我分享了她腦中出現的一個充滿力量、內心強大的紅衣女俠形象——她站在山頂，身體挺直，張開雙臂擁抱全世界，能量充足，感覺整個世界都在自己的腳下，沒有任何人可以傷害自己。她還擁有一對紅色的翅膀，像披風一樣隨風飛揚。

我被她的描述帶到了山頂，跟隨她一起去感受紅衣女俠的有力與強大。我意識到，妹妹的內在已經悄悄地發生了轉化。

無論對於未來她看到的是什麼，這場景中的每個元素、每個顏色對她來說都富有特定的意義，她的潛意識給了她豐富的答案和勇氣。

第一次對話接近尾聲的時候，妹妹興奮地和我說，她迫不及待要把自己腦中看到的畫面畫下來、記下來。

第二天上午，我便收到了妹妹傳來的圖片——一隻紅色公雞傲立山頂。

在那之後，我們每個月會在固定時間進行一次對話，一次次對話下來，我見證著妹妹一點點找回自己的力量和自信，見證她腳踏實地地行動和改變。半年後，妹妹欣喜地和我還有她姐姐分享她所收穫的改變和成功。

我看到照片中她那喜悅的笑臉，了解到她提前還清債務，並獲得了持續的財富增長，她和孩子的關係日漸和諧，她的事業不斷拓展，還有那份她一直想要找回來的平靜、喜悅、輕鬆。生活是簡單的，卻也無比充盈和幸福。

有一天，妹妹說：「如果不是這些痛苦的經歷，我可能還一直承受著前夫給我的語言暴力和壓力，不會想到離婚，不會重新審視我的人際關係，也不會重新看待自己的價值，看重自己。」

此時的她，由內而外透露著平靜和喜悅，那是歷經風雨後的篤定與從容，是經過生命洗禮後的釋然與自由。

在我們第一次對話後的第二十個月，妹妹在新年第一天傳來祝福，並且傳來她自己在過去近兩年「最黑暗時刻畫出來的人生日曆」。她留言說：「過去的日曆是真實記錄，未來是蘭雯老師帶領我看到的人生，我可以清晰地看到自己六年後的樣子。」她還找到了特別符合內在理想狀態的照片和我分享。當我問及她的感受時，她喜悅的能量透過手機螢幕傳遞過來：「人生就像寫好的劇本一樣，我只是去演，結果演得太投入了，傷心的時候傷心極了。特別不可思議的是，從我落難到人生回歸正常，剛剛好是二十個月，一天不多，一天不少。這二十個月我最大的感觸是——回歸到正常的關鍵是轉念，常常是一瞬間、一閃念的事情。二十個月，我收入百萬，而最大的收穫是內心的平靜。」

轉念奇蹟：生命中的溝溝坎坎，只爲把你帶回正軌

很多人都渴望風平浪靜的生活，期待人生是坦途，能一帆風順：健康快樂地長大，考上理想的學校，找到心儀的工作，與心愛的人相遇，構建幸福的家庭，為人父母……然而，生命好似被喜歡惡作劇的導演編排好的一齣大戲，總會在你不經意時為你出些難題。

我的朋友小艾，從內蒙古到北京求學，換過幾次工作，後來遇到生命中的貴人，在對方的指點下，一步步投入自己無比熱愛的事業，還遇到了對自己呵護有加的另一半，家中瑣事都不需要她操心。然而就在這兩年，小艾在孩子青春期內經歷了莫大的挑戰，曾經乖巧懂事、貼心溫暖的小女孩，突然開始拒絕和她溝通，這讓她開始懷疑自己。她一方面大量閱讀與青春期有關的書籍，想要更了解青春期孩子的特點；另一方面，她持續地向內探索，想要弄清楚是什麼讓自己的內心感到如此不適。逐漸地，她意識到，自己的內在同樣住著一個始終沒有長大的孩子，透過青春期女兒與自己的「對抗」，她看到了這個孩子。在陪伴青春期女兒成長的過程中，她不僅深深懂得了女兒，更獲得了自己內心的突破和真正的獨立。

另一位朋友小平，順風順水地長大，直到四十歲時，她遇到一位掌控欲極其強的上司，還有不服管理的下屬，於是在工作中四處碰壁，她開始懷疑自己為什麼要在這家公司就職，不停思考這樣的工作平台是不是自己想要的，職業中的這些挑戰到底要如何突破。更重要的是，她開始探索自己想要的未來到底是什麼樣的，接下來的人生到底要往哪裡走。最終，她選擇離開這家公司，真正完成自己一直以來的心願——創立一家公司，真正從無到有地創造自己想要的事業。即使自己創業依然挑戰不斷，她卻感受到了從未有過的充實和自由。

這樣的故事比比皆是。此時的你，是否正在經歷意料之外的痛苦和前所未有的挑戰呢？

遇到痛苦我們一定會感覺「苦澀、苦惱」，但是我們如何看待「痛苦」，決定了我們可以多快從痛苦中脫離。

佛經《雜阿含經》中講述了一個故事：

一天，佛陀光著腳走路，一不小心踩到一塊碎木片，碎木片扎進腳裡，扎得很深，佛陀傷得很重，侍者阿難為佛陀清理了傷口，並進行了包紮。

但是傷口並沒有隨著時間的推移而好起來，反而更嚴重了，像是感染了一樣，阿難就問佛陀：「疼嗎？」

佛陀說：「疼是疼，但我還可以忍受。」除了走路不方便，佛陀的其他生活方面並沒有受到影響。

但阿難非常擔心：老師怎麼這麼倒楣啊，好端端的怎麼會被扎到腳呢？萬一他以後都走不了路了可怎麼辦？他越想越擔憂。

佛陀看阿難憂心忡忡的樣子，就來勸解他：「我知道你為了我的腳傷非常著急，但你知道嗎？世間的人在遭受痛苦時都會中兩支箭，而像我這樣覺悟的人，在世間遭受痛苦時，只中了一支箭，所以這對我來說不是特別大的痛苦。」

阿難不解：「兩支箭是什麼意思？」

佛陀就說：「我被木片扎中，這是第一支箭，當我去懊惱，或者想我為什麼沒有踩到一個好的地方，或者如果一直這樣下去未來會怎麼樣，這就是為自己扎的第二支箭。我只中了第一支箭，沒有去想其他的事，而是安安心心地治療腳傷，沒有心理上的那些痛苦，自然我所感受到的痛苦就沒那麼多，所以腳傷就是可以忍耐的，對我來說沒什麼。繼續做我該做的事，過段時間它自己就好了，這件事也就結束了。」

這就是有趣的第二支箭公式：苦難＝疼痛×抵抗。

疼痛無法避免，但是苦難可以減輕。我們無法改變疼痛本身，卻可以改變自己對疼痛的看法和反應。你的選擇是什麼？如果痛苦已經發生了，你是要奔向下一程，還是如佛陀弟子那樣繼續沉浸在痛苦中去抗爭呢？

如果你發現自己被不喜歡的人、事、物包圍，請記得，所有你不喜歡的人、事、物都只是想提醒你去看看自己喜歡的到底是什麼，然後轉身回到你喜歡的事物上來。

如果你感覺自己不斷被人排斥、遭人誤解，請問問自己，是什麼讓你深陷不快卻仍然選擇待在原地？是時候讓自己做出改變了。

如果你意識到你的生活、工作和學習都被別人安排，你無能為力，請花時間看一看，每一次你可以為自己的生命做出的選擇是什麼。**你的人生，永遠可以有選擇**。

若不是那些看起來醜陋不堪的生命經歷，你怎會知道自己還有多少潛能等待被開發？你怎會發現自己到底是誰？你又怎會意識到什麼對自己才是真正重要的？

日本設計師山本耀司說過：「自己」這個東西是看不見的，撞上一些別的什麼，反彈回來，才會了解「自己」。所以，跟很強的東西、可怕的東西、水準很高的東西相碰撞，才知道「自己」是什麼。

生命中所有的溝溝坎坎，都只為把你帶回正軌。你的生命軌跡是一條無人能替代

你走的道路，唯有回到自己的正軌，踏入自己的生命河流，生命中的一切才會如流水一般，順流而下。每個人都是自己人生電影的編劇，你的劇本如何撰寫，你說了算。

轉念時刻：四個步驟洞見痛苦背後的禮物

看過上面的故事之後，我想你一定越來越能感受到所有痛苦的經歷都是生命的饋贈，你應該把握好它，敞開內心來接收這份生命的禮物。可是你或許會困惑，痛苦來臨之時，內在的感受實在不爽，自己要怎樣做才能更快地放下和面對呢？

接下來的四個步驟（我稱為4F法）將帶領你看見痛苦背後的禮物，一旦你看到了、收到了禮物，同樣的經歷就不會再次發生，你也已經成長為更有力量的自己。

第一步：站在中立的視角看發生的事實（Fact）

起始的這一步驟非常關鍵。每當遇到麻煩或問題，我們非常容易自動進行好壞對錯的評判，也會因為這份評判而錯過很多重要的訊息。我們應該像抽離在外的攝影機一樣，客觀地記錄發生的事實。想像自己從所發生的事件中跳脫出來，就好像你能夠在房間的天花板位置來觀察房間裡發生了什麼。總之，客觀、中立地去看、去聽。

第二步：連接內在的情緒感受（Feeling）

接下來，與自己內在的情緒感受做連結。看看你有哪些感覺，是傷心、失望，還是焦慮、憤怒？每個人面對不同事情時情緒反應是不一樣的，真實地感受自己，用一到三個詞來描述自己的情緒。

第三步：聚焦情緒背後的需求（Focus）

情緒是我們內在需求的外化反應。如果你的需求得到了滿足，會產生積極正向的情緒，比如開心、滿足、感恩、興奮；如果你的需求沒有被看見、沒有得到滿足，則會產生負面的情緒，比如失望、沮喪、擔憂、憂鬱。

因此，當你連結了自己的情緒感受，接下來就可以問問自己的內心：

我為什麼會有這樣的感受？

我的情緒感受在提醒我什麼？

在我的情緒背後，什麼是我需要被滿足的？

當你靜下來問自己這幾個問題，你會聽到自己內心的需求。一旦需求被聽到，面對痛苦經歷的負面情緒便會開始化解。

第四步：轉身看到自己的未來計畫（Future Plan）

看到了內心的需求，就可以為自己的未來做出計畫和改變了。你可以問問自己：

我真正想要的是什麼？

我可以做點什麼去實現我想要的結果？

我可以邁出的第一小步是什麼？

4F法簡單好記，不僅能支持你跨越生命的痛苦經歷，更是你在日常遇到情緒困擾時採用的轉換工具。

轉念肯定句

我是一切的源頭！

宇宙從不會為我設下我無法跨越的挑戰。

若不是有更好的要來，沒有什麼會離開。

05 再小的個體都有影響力

轉念故事：那麼多人都已經做了，我算什麼呢？

小麗是我見過的超級無敵能幹的高效人士。

她今年剛剛二十八歲，沒有全職工作，和多家平台合作，做視覺設計、社群營運、活動企劃，每天不同平台把不同的工作內容丟給她，她總能有條不紊地準時完成。我經常能看到她獲得平台的公開表揚。一個月的固定收入也有一萬多元人民幣。

不僅如此，她還是一個相當喜歡學習的人。她愛讀書，喜歡參加各種成長課程提升自我，也關注健康，每天按計畫運動，同時還會將自己每天的成長用文字記錄分享給更多人。

每次看到她，我都忍不住豎起大拇指誇讚一番，真的太厲害啦！

有一次她約我喝咖啡，我們面對面坐著。她看上去很興奮，穿著一件亮黃色的毛衣，耳垂上掛了兩只扇形白貝殼耳環，整個人清新亮麗。她端起咖啡，抿了一口：「蘭雯姐，我最近很想嘗試做時間管理的培訓，我覺得自己很有這方面的心得，這麼多年都在學習和實踐，我積累了一套自己的時間管理系統和方法，我感覺會對很多人有幫助……」

「好啊好啊！太好啦小麗！」沒等小麗把話說完，我就忍不住叫好，「你做這方面的培訓真的再適合不過啦，你做得那麼好，我都覺得需要向你學習呢。」

小麗把頭向前一伸，瞪著大眼睛問：「真的嗎？你真的覺得可以嗎？」

「當然啦！」我肯定地回應她。

「可是現在有那麼多人都在做這方面的培訓，而且很多人都是大咖，我算什麼呢？這也是我今天找姐姐的原因。我想做，可是真的不太有信心，我覺得自己沒有說服力，而且太年輕，沒有什麼影響力，別人怎麼會相信我呢？誰會來報名一個沒有知名度的年輕人的課程呢？」小麗一股腦說出了她的顧慮和擔憂。

轉念奇蹟：每個人對這個世界都有獨特的貢獻

小麗的顧慮我非常理解，因為我也曾有這樣的感覺。

我原本是醫學碩士，工作後跨行業轉做培訓師，雖然培訓是我自己從小到大熱愛的事，但是當我真的開始做時，卻十分沒自信。特別是當我開始為很多比自己年長的男性中高管做培訓的時候。

我個子不高，穿高跟鞋剛好一百六十公分，當我站上講台，看著台下專業、成熟、資歷深厚的中高管們，我在想，我憑什麼讓他們信任我傳遞的內容？

我說話有點童音，在家裡接電話，朋友經常把我當作我女兒，會跟我說：「請問你媽媽在嗎？」

我自己做管理的時間不長，創業前大約做過五年管理職，台下的中高管哪個做管理工作的時間不比我長？十年經驗的比比皆是，二十年經驗也不足為奇，我又憑什麼讓大家認可我的專業呢？

這些擔心、恐懼的聲音曾經一直籠罩著我，讓我每一次站在台上，都有一種想要馬上逃離現場的衝動。

現在的我，早已不在意這些「劣勢」和「缺點」，在課堂上，學員們會很快被我的輕鬆、親切打動，很容易靠近我，他們覺得我是一個沒有架子的老師；我的聲音讓他們感覺溫暖，與平日工作裡的快節奏、鏗鏘有力形成反差，因此我所說的反而會讓他們聽得進去；我把自己過去十五年身心成長的經歷融合在管理中，讓大家不僅僅在管理中看管理，而且有機會站在更宏觀、更高的緯度去洞察。我翻轉自己的「劣勢」為「優勢」，成了獨一無二的自己，形成了獨一無二的培訓風格。

我們想要去做一件不曾嘗試過的事情時，非常容易把焦點放在自己的不足上，不僅如此，還會拿自己的缺點和別人的優點去比較，越比較越沮喪，越比較越恐懼，於是就會裹足不前，最終選擇放棄。然而，若能轉變視角，你會發現，你每一個「劣勢」，恰恰是你與別人的不同，甚至會成為你的優勢和資源。

每一個人來到這個世界，都有自己的獨特貢獻。再小的個體，都可以有自己的影響力。

這個世界人對人的影響力是呈階梯狀的。每一層階梯都對應著一定影響力的人。

我們要做的不是拿自己的影響力去和頂端的人比較，而是看看在自己這層階梯上，自己可以影響的人是誰。找到我們可以影響的人，成為他們的榜樣，這就是我們能為世界做出的貢獻。隨著這個影響過程持續發生，你的影響力會進一步提升，就這樣，每一層階梯上的人都找到了自己的位置，看到了自己的影響力。

這是生命影響生命的真實過程，也是我們為世界創造越來越多積極與美好的過程。

轉念時刻：五步定義你的影響圈

此刻你有沒有一絲興奮想要看看自己可以影響誰，以及用什麼去影響他人呢？下面就為你展示一個規劃自己影響力的工具（見圖5–1）。

第一步：聚焦影響內容

你最想向這個世界傳遞什麼？你和朋友、家人在一起時，最容易滔滔不絕分享的是什麼？有哪些內容是你很喜歡並花時間研究過的？

圖 5-1　規劃影響力的工具

把你想到的內容寫在「內容」空白區。

第二步：探索影響方式

你喜歡透過怎樣的方式傳遞這些內容呢？什麼方式是你喜歡又覺得很容易開始的？比如：寫作、發部落格文章、分享在社群媒體、直播、錄製影片。

把你想到的內容寫在「形式」空白區。

第三步：吸引影響人群

在你身邊哪些人很喜歡和你在一起？哪些人和你同頻，相互吸引？哪些人是最信任你的？比如：學習社團的夥伴、讀書會書友、媽媽社區等。

把他們的名字或歸屬的群體寫在「人群」空白區。

第四步：設計影響路徑

如果為接下來的影響傳播過程做一點規劃，這個過程會是什麼樣的，大概會有哪幾個步驟？比如：和朋友宣傳↓設計分享內容↓小範圍測試實體工作坊↓收集回饋↓升級內容↓正式對外宣傳。

寫在「路徑」空白區。

第五步：寫下你的影響力定位

依據梳理的過程和結果，為自己做個初步的定位，並寫下你的名字。比如：時間管理實踐與分享者。

最後，請記得，只要在路上就好。允許自己按照自己的節奏一步步往前走。當你在自己熱愛的領域越做越好，自然會成為別人的榜樣，也已經為這個世界做出了自己的貢獻。

轉念肯定句

我的存在就是價值。
無論我在哪裡、做什麼，
我都可以影響到其他人。
我對世界最大的貢獻，
就是成為最好的自己。

第二篇

你如何看待世界，世界就如何回饋你

06 喚醒好奇心，讓鮮活的生命迎面而來

轉念故事：我厭倦了日復一日的平淡生活

清晨六點，鳥鳴的鬧鐘聲將華容喚醒。她擔心會吵醒老公，輕輕拿起手機，將鬧鐘關閉，然後慢慢起身，彎著腰，邁著輕柔緩慢的小步，悄悄走到窗邊，將窗簾撥開一條小縫。外面的天色還黑著呢，只有社區的路燈露出黃色的光芒。

華容抬頭看看天空，又回頭看看老公，情不自禁地嘆了口氣：「又是如此平凡的一天啊！」

她從窗邊的穿衣凳上拿起外衣，慢慢走出臥室。在客廳，華容換下粉色絲綢的長袖睡衣，整齊地疊放在沙發上，然後打開自動飲水機，接著走向冰箱，取出放在最上

層的三顆雞蛋、四盒全脂牛奶，踏入廚房。

華容打開瓦斯爐，火苗嗖的一下著了，那一瞬間，她的一天似乎才被真正喚醒。她眨了眨眼睛，繼續熟練地煎蛋、加熱牛奶……

六點三十分，華容走進八歲兒子的臥室，輕輕坐在兒子的床邊，眼前是昨晚兒子做作業留下的一些廢紙、橡皮擦屑。「寶貝，起床啦，起床啦。到時間吃早飯啦。」華容一邊輕聲叫著，一邊用右手輕撫著兒子的頭，小傢伙就這樣醒來了。

華容放心地離開，徑直走進自己的臥室，叫醒老公。

六點四十五分，一家三口便開始圍坐在飯桌旁用餐。老公、兒子都很開心，他們一邊吃著雞蛋，還不忘聊天，「老爸，今天你能準時下班回家嗎？」、「兒子，這個週末我們去爬山吧？」

華容就只是看著、聽著，心裡沒有任何情緒起伏。

七點二十分，老公、兒子出門，開啟屬於他們的全新一天。

門關上的一刻，華容的心裡空落落的。她站在門口發呆，「如此平凡的一天又開始了！」她在心裡一遍遍地自動播放著這句話。

這樣的感覺已經吞噬華容三個月了，「這樣的生活有什麼意思？日復一日、年復一年，這輩子難道就這樣了嗎？」華容找到我，無奈又迷惘，無助又憤怒。

轉念奇蹟：生命從來沒有平凡的時刻

我們身邊有很多像華容一樣的人，比如我就曾在很長一段時間有著同樣的感覺。每天的生活不就是起床、做飯、吃飯、洗碗、上學、上班、下班、睡覺嗎？每天不就是和愛人、孩子、爸媽、同事在一起嗎？到底生活的樂趣是什麼，活著又是為了什麼？

女兒六歲開始，我開始在家裡做一些培訓，我很喜歡做各種創意設計，即使是網路培訓，也想為學員創造難忘的經歷和有趣的體驗。

當我把我的彩色筆、便利貼、卡紙擺在書桌上的時候，女兒就像看到了寶藏，跟小鳥一樣嘰嘰喳喳又輕盈愉悅地跑過來看。她一個一個拿起來問我：「媽媽，這個是什麼呀，這個怎麼用呀？」然後再一個個放下。

當時的我因為忙著準備，回答得敷衍了事。可是等到晚上培訓結束，躺在床上回想一天，女兒當時的狀態讓我留下了鮮活深刻的印象。她好奇的眼神、對一切未知的熱情都打動著我。那短短的十幾分鐘，成為那一天我心裡的閃光時刻。

在準備培訓的過程中，我和女兒的不同在哪裡？生活中，成年人和孩子最大的區別是什麼？**是好奇心，是對一切開放的探索精神**。

我對自己培訓所用的物品習以為常，女兒卻感覺到樣樣新鮮；成年人視一切為理所當然，孩子卻永遠對未知充滿熱情。

我在石家莊為十五對父母開設了一次「高品質陪伴」的親子教育工作坊，其間，帶領父母們做了一個簡單的練習：

我邀請他們拿起一件自己很熟悉的物品。他們有的拿起了手機，有的舉起了水杯，有的看著自己手裡的筆，也有的雙手捧著自己的筆記本。

我邀請他們仔細看看手裡的物品，無論它是什麼，靜靜地觀察就好。我留了三分鐘時間給他們，結束後，請三位父母來分享。

父母們紛紛舉手。「我從來沒有這麼認真地看過我的水杯，買了一年了，我第一次發現這個水杯的底下有一個很可愛的小女孩的笑臉標記。」、「我把我的手機當作工具，今天仔細看了，突然有點感動，我就是每天透過它與這個世界相連的。」

還有一位媽媽的分享讓我印象特別深刻：「我剛才拿的是新年前買的手帳筆記本。那天是在一間文具店，我看到這個本子也沒多想什麼就買了，到今天已經用了三分之一。很感謝老師給我這個機會，我剛才看的時候發現本子有很多用心的設計，比如它的內頁有三種不同的格式，有橫線，有空白，還有點陣，封底還有一句話——時間看得見。我摸著它感覺非常舒服，這個本子的質感很柔軟……」

一個小小的練習，父母們卻發現了那麼多。

這是怎麼發生的呢？是因為我設定了一個練習的場景，讓父母們進入，他們的好奇心被喚醒了，於是物品對他們而言就鮮活起來了。

我有一位朋友小琪，多年前去泰國參加一個靜心營。那是一個需要在全黑的環境中閉關靜心十天的學習過程。結束的那一天，她從黑暗的房間中走出來那一刻，發現整個世界都無比鮮活、明亮。當她走過花園，她感覺每一朵花都在對她微笑，每一株小草都在對她跳舞，她感受到與所有植物的連結感。「那個感覺真的是太奇妙、太美好了！」小琪激動地和我分享。

花，還是那朵花；草，還是那株草；人，還是那個人；唯一發生變化的，是你的內心。

美國史丹佛大學體操教練丹．米爾曼在《深夜加油站遇見蘇格拉底》裡說：**從來不可能沒有事情發生，從來沒有平凡的時刻。**

轉念時刻：喚醒好奇心的三個方法

我們每個人身邊都有很多充滿好奇心的人，他們有哪些特點呢？

對整個世界保持開放，不設限，不評判；事情尚未發生之前，不預設立場；對於不了解的未知事物，總是充滿探索精神；他們敬畏大自然和每個生命的獨特，謙卑好學；狀態流動輕盈，不固著；他們的生活看起來總是很有趣，生活狀態鮮活富有熱情，整個人都很有吸引力。

愛因斯坦說過：「我沒有特別的才能，只有強烈的好奇心，永遠保持好奇心的人是永遠能進步的人。」

接下來的三個方法，可以重新喚回我們逝去已久的好奇心——

方法一：回歸孩童狀態

我們可以透過想像，將自己帶回孩童時期。我們的思維可以在時空間任意穿梭，這是人類最獨特並富有力量的能力。

具體做法是：閉上眼睛，讓自己足夠放鬆，需要的話還可以做幾次深呼吸；然後，想像自己乘坐時光機，回到小時候，那時你是個對世界充滿好奇的小孩子。想想看，那時的你是如何看待這個世界的？你和他人是如何互動的？你最常表達的是什麼？你是怎麼說話的？你經常問別人哪些問題？那時的你是什麼感覺？

雖然已經過去了很多年，但孩童時期的感覺和記憶始終留存在我們的潛意識中，當我們這樣刻意調取時，它們就會回來。我們需要的是不斷憶起、重複、錨定。

每當你對生活和工作中的人、事、物產生厭倦情緒，就可以讓自己回到孩童狀態，去錨定那份好奇、開放、探索的狀態。

方法二：清空頭腦，放下預設

我們過往的評判大多來自頭腦中的信念，長久的記憶在反覆播放。這讓我們對還沒有發生的事情、沒有見過的人，抱有非常多的評判標準。

一看到大鬍子的男人，就覺得是壞人；一看到長相好看的女孩，就感覺人家是「花瓶」；一看到是女老闆，就預感對方強勢……一旦評判標準先入為主，我們便失去了對新事物敞開的那份容納之心。

所以，我們需要在日常時時覺察自己的腦中浮現出了怎樣的聲音。

如果你發現那是一個受限的信念，是一個充滿評判的聲音，可以看著它，讓它慢慢離開，而不需要與其對抗。比如，你留意到自己腦海裡的聲音「我很討厭說話聲音很大的人」，你意識到這是自己的評判，於是對自己產生評判「我怎麼能評判他人，我這樣太不好了」。**與其如此評判自己，不如看著自己的評判，不被它綁架，不屈從於這個評判，你反而可以從中獲得解脫，獲得心靈的自由。因為越抗拒，越持續。**

評判越多的人，生命狀態就越閉塞，他們的心門只對自己認可的人、事、物敞開，把不符合自己評判標準的人、事、物拒之門外，成長、改變的機會便隨之減少。

美國作家喬．維泰利和伊賀列卡拉．修．藍博士所著的《零極限》講述了一種用於療癒的夏威夷古老心法——四句話的清理法，對於破除人們舊有的限制性信念和評判以及負面情緒非常奏效。透過「**對不起，請原諒，謝謝你，我愛你**」四句話的清理，我們能越來越容易讓自己回歸到「零」的狀態，也就是空的狀態。大家可以在心裡時常誦讀這四句話，久而久之，你會發現自己的心越來越平靜，舊有的評判之聲越來越少，那麼要恭喜你，你的思維更開放了，心靈也更自由了。

一旦頭腦中固有的想法越來越少，我們的內心對外界就會越來越敞開，好奇心便會油然而生。

方法三：學會提問

提問是喚起好奇心的絕佳方法。在提問的過程中，我們開始變得謙卑，對事情變得「無知」，封閉的心在提問的過程裡一點點被打開。

好奇的孩子最喜歡問問題：為什麼月亮是彎的？為什麼月亮會掛在天上？為什麼我在水裡看到的月亮撈不起來？他們的腦子裡充滿了問題，並且對問題的答案沒有預設或期待。好問題都是開放式的。

我和大家分享三個非常簡單好用的提問句式：

第一，什麼／怎樣／如何／怎麼樣？舉例：這是什麼呢？怎樣才能把這個櫃子打開？今天過得怎麼樣？

第二，哪些？舉例：這個週末我們有哪些活動可以安排？

第三，開始？舉例：如果要在這半年把論文寫完，你打算怎麼開始？

當你學會了提問，好奇的心就被打開了；同時，如果你足夠好奇，也自然會問出非常多有趣的好問題。

轉念肯定句

我的心裡住著一個孩子。

我越能放下我的已知，

就越能遇見全新的可能。

生命每一刻都是全新的開始！

07 再糟糕的經歷，都會有它正面的意義

轉念故事：不想讓孩子受到傷害，我寧可不離婚

四十歲那年，我離婚了，離婚後我透過各種方式支持自己走出離婚帶來的傷痛，漸漸地，我可以很從容地和身邊人坦言離婚的事實，以及我是如何看待這段經歷的。

每年生日我都會寫一篇生日文，記錄自己一年的成長和心路歷程，在離婚的第二年生日，我平靜寫下了題為〈四十一歲：若不是有更好的要來，沒有什麼會離開〉的文章，在文中我和關注自己的夥伴分享了自己離婚的事情，以及從中獲得的成長。沒想到文章發出後，我收到很多朋友的私訊。特別是一位多年前的老同事，她留言給我：「親愛的，我處在和老公分開的關頭，但一直不知道怎樣才能讓孩子不受傷。」

不知道有多少人在離婚時會有這樣的擔心：父母會受不了，孩子會受到傷害……也因為這份擔心，即使婚姻中充滿了挑戰、困難、無奈，甚至暴力，他們依然在「堅持維繫」。

這讓我不禁回想起自己小時候的經歷。

小學四年級的時候，我的爸爸媽媽離婚了。我記得一天晚上，我和姐姐偷偷趴在爸媽臥室的門口，帶著期待的心情想聽聽爸媽有什麼小祕密沒有告訴我們姐妹，卻在毫無準備的情況下聽到媽媽說：「我們離婚吧！」那年姐姐十三歲，她猛地一把將門推開，大聲說：「我不要你們離婚！」

那時候我十歲，站在姐姐的旁邊，完全沒有反應過來，像泥塑雕像般整個人愣在那裡，完全沒有意識到這會對自己帶來什麼影響。但是我清楚記得在爸媽辦完離婚手續之後的一天，姐姐面朝我，用手輕輕拍著我的肩膀說：「妹妹，以後我們兩個一定要好好學習，要為爸媽爭氣。」我默默點點頭。在那個年代，離婚遠不如現在普遍，誰家離婚了真的是很罕見的，在大多數人眼裡，離婚是一件難以啟齒的事，是會被人笑話的。姐姐比我成熟，她不希望我們被別人笑話，更不希望爸爸媽媽因為離婚被別人指指點點。

在那以後，我和姐姐並沒有因為爸媽離婚消沉或頹廢，反而更加努力學習，成績一直不錯，也都考上了大學，是很多叔叔阿姨眼中的優秀孩子。而我也因為這件事，在逐漸長大的過程中默默在自己內心深處下了一個決定，那便是：「長大後，我一定要有一個幸福的婚姻，我一定不會離婚。」

然而，**生命就像沒有彩排過的即興演出**。

四十歲那年的三月，我離婚了。離婚是我主動做出的選擇，在經歷了很多無奈之後，我做了這個決定。那段時間，我經常感覺生命是個玩笑，從小就堅定要擁有幸福婚姻的我，居然收獲了「失敗」的婚姻。

這突如其來的變化，為我們每個人都帶來了一些影響。每個人都需要從中復原。

我和前夫冷靜並妥善地處理離婚後的各項事宜，尤其是對孩子。

離婚的時候，女兒十歲。

於是在這個對孩子來說是重大意外分離發生的時刻，我們要做的便是把對孩子的傷害降到最低，讓孩子深深相信並感受到爸爸媽媽的分開與她沒有任何關係，雖然爸爸媽媽分開了，但是我們對她的愛一點都不會減少，她甚至會收穫更多的愛……

離婚在當時是一件「壞事」，讓我們各自的父母傷心意外，讓我們自己感受分離和失去的悲傷，也感受到經營婚姻的「挫敗」，帶給每個牽涉其中的人不同程度的傷害，這的確是事實。

然而任何一件事，都一定有其存在的正面意義。離婚，也是如此。我們要做的，便是透過自己的努力，降低離婚的負面影響，同時放大它的正面意義。

為此，前夫在網路上搜尋大量的資訊，了解在這種情況下如何和孩子溝通。他找到了專門針對離婚家庭的繪本，並寫了信給孩子。我還記得，當我們準備就緒的那天，前夫搬了靠背椅坐在臥室床旁，我和女兒則在床邊與他相對而坐。我們平和地告訴孩子爸爸媽媽即將分開的事實，接著前夫讀起了他寫給女兒的信，整個過程安靜平和。女兒當時並沒有表現得多麼悲傷，她只是默默點點頭，然後有些意外地看看我，又看看她爸爸……

之後的一段時間，我每天都會為孩子讀那本繪本，在爸爸離開家的日子裡，孩子逐漸開始感受到悲傷，剛得知消息時懵懂的她似乎才慢慢反應過來。每次當她想爸爸的時候，我便會抱著她，陪著她哭，那時我的眼淚每每也是難以抑制，特別是當我看到女兒寫給爸爸的信、為他做的手工……我清楚地知道我也在慢慢適應這份失去和分離。我陪著她，允許她想念爸爸，允許她慢慢走過這個過程，也允許自己花時間慢慢復原……

到今天，我和前夫已經分開四年多，女兒的個子已經超過我，是一位八年級的少女了。大多時候女兒和我生活在一起，過節、週末會去看爸爸。我和前夫的溝通也很頻繁，我和他分享女兒的動態，交流需要如何支持孩子的成長，和他溝通女兒去看他時需要爸爸哪些方面的支持。我們的所有溝通重點都聚焦在對孩子成長的支持上。

孩子有了很多可喜的成長和變化。老師會給我們很多正面回饋——因為女兒大多時間和我在一起，教育理念少了很多衝突和不一致，孩子的內在更加穩定、越來越有力量，不需要左顧右盼了；孩子願意用各種不同的方式表達自己；運動的力量發揮出來，孩子更有自信了；她還養成了自律的學習習慣。更重要的是，老師觀察到孩子在各種場合都沒有因為爸媽離婚產生自卑或悲傷，大多時候都是非常積極樂觀的。聽到老師的反饋，我和前夫都感到欣慰和開心。

而我，也在離婚後的時光裡，學會了和自己相處，享受一個人的時光；我從喜歡討好別人，滿足別人的期待，逐漸成長為敢於真實面對自己的內在，勇於真實表達自己、獨立自主的女性。這段時間，我自己的成長無比巨大，很多生命中的功課也藉由這段時間的學習有了突破，我感到前所未有的自由、喜悅和輕鬆。

所以，你看，即使是離婚，也蘊藏著對於我們生命而言巨大的禮物。對孩子是，對我們成人也是。

如果一件事發生了，是你意料之外的壞事，是你不想看到的結果，與其在糟糕的情緒和狀態中懊悔、自責、愧疚、痛苦、憤怒，不如去看待這件事背後的深意。

任何一件事的發生，都一定有它正面的意義。

轉念奇蹟：每件事的發生，都將幫你成爲更完整的自己

請回憶並羅列一下在過往生命中發生過、你依然記得的所有「壞事」，看看有多少，並把它們記錄下來。

我生命中發生的所有不幸：

當你經歷過這些事，走到今天，你是否能明白這些事究竟為何會發生在你的生命中，而不是其他人的生命中？它們發生的意義究竟是什麼？

可能你會說，為什麼會發生這些事，我的人生為什麼如此悲慘，憑什麼讓我承受這些？是的，你可以抱怨，可以憤怒。然而，生命並不會因為抱怨、憤怒發生任何改變，除非你用完全不一樣的視角看待它們，除非你從中學習屬於自己的獨特功課。

老天不會給我們一項我們無法克服的挑戰。恰恰是那些讓我們不舒服的經歷，才讓我們變得強大，才令我們真正感受到自己的力量。

每當你做一個決定，發現外界總有反對和質疑時，你漸漸會意識到，你需要開放傾聽別人的建議和回饋，但最終需要依循自己的內在做決定，你的人生需要自己去完成，從中你將學會勇敢追隨自己的內心。

你珍愛的朋友離開，你能夠意識到原來被人關愛是如此幸福，有知心朋友相伴是如此快樂。由此，你將學會珍惜。

你的先生對孩子發脾氣，孩子沒有任何反應，你卻在一旁非常不安和憤怒。你意識到是自己小時候被不公平對待的憤怒在此刻被勾起來了，不是孩子需要安慰，而是你的內心需要療癒，你需要照顧好自己的情緒，分清楚問題屬於自己還是屬於孩子。由此，你將學會更愛自己。

你要深深相信，生命中所有的經歷，都對你有益處，等待你去發現、去探索。相同的事情發生在不同人的身上，會產生完全不一樣的結果。這取決於人們是如何看待這件事的。

我們來看這樣一個故事。三兄弟生長在同一個家庭，從小耳濡目染父親對母親的打罵。老大痛恨父親的行為，卻深感無力，他變得封閉，不與外界交流，長大後不敢涉足婚姻；老二感受到母親的痛苦和無奈，下定決心不做和父親一樣的人，結婚後無比珍惜自己的妻子，對她溫和友善；老三意識到父親對母親的影響、父親對自己和哥哥們產生的負面影響，下定決心長大後要成為傳播愛與幸福的人，於是，他成了一名家庭教育老師。

事情本身沒有意義，是我們附加了意義在上面。你想為自己的經歷附加上怎樣的意義，選擇權完全在你手裡。

如果你可以轉變看法，每一段最初讓你痛苦不堪的經歷，都會化身為一份美好的生命禮物。每一段經歷，都在幫助你成為更完整的自己。

轉念時刻：化負面爲正面的四個步驟

現在，你可以透過以下四個步驟，將生命中的負面經歷轉化為正面的禮物。

請一定找一個安靜、不被打擾的時間和空間，和自己在一起，跟隨我一步步去體驗、去完成。

第一步：找到一段你最無法釋懷的負面經歷

每個人無法釋懷的負面經歷可能不同。或許是失去了最愛的家人，或許是被裁員，或許是被最信任的朋友背叛，無論是什麼，請你勇敢地直面這段經歷。

第二步：重新進入這段經歷中，去感受這段經歷帶給你的感受

你可以輕輕閉上眼睛，做幾次緩慢的深呼吸，讓自己放鬆下來。然後回憶這段經歷的細節，那些讓你印象深刻的部分一定會最先出現在你的腦海中。重要的是去體驗，而不是去抗拒。或許你需要一點勇氣。如果過程中你有情緒產生，不論是悲傷、憤怒、委屈，都請允許它們存在。

第三步：連結你的身體，找到身體中反應最突出的部位

接下來，去和你的身體連結，感受你的身體哪裡感覺最明顯，是胸口還是肩膀，是喉嚨還是後背。沒有標準的位置，只是你自己身體真實反應強烈的部位。為了連結更深，你可以把一隻手放在這個部位。

你還可以花多一點時間，閉著眼睛感受身體反應的細節。去看看這個感受在身體裡是什麼顏色，有多大，是什麼形狀的。你越能清晰地感受身體的反應，越能收穫到身體想要傳遞給你的訊息。

第四步：和身體展開對話，發掘正面的意義

請你去和身體的這個部位展開一次有趣的對話。

下面是你可以問身體的幾個簡單問題。你可能會感覺很奇怪，沒有關係，只管帶著好奇開放的心，嘗試簡單地問問看——

親愛的身體，請問我的這份感受想要告訴我什麼？

如果這件事的發生對我有一個正面的意義，那會是什麼？

在這個意義的背後，還有什麼更重要的意義？

透過這件事，我需要學習的功課是什麼？

每當你問出一個問題後，不用著急，只需要靜靜地等待，慢慢地便會聽到需要的答案。

透過上面四個步驟，你會收穫這段經歷對你的正面意義。當正面意義出現，你會發現剛才濃烈的情緒感受逐漸變淡了，身體部位上的反應也自然地發生了一些變化。

你可以花一些時間，將你寫下的那些生命中的負面經歷，逐一用這個方法去實驗，探索出它們的正面意義並記錄下來。

在我生命中發生的所有不幸經歷的正面意義：

最後請你看一看這些文字，並和前文你寫下的不幸經歷對照一下，此刻你的感覺如何呢？

只要你願意去探索、去發現，便能接收到每件事要送給你的美好禮物。

生命就是恩典，一切都是最好的安排！

轉念肯定句

我樂觀地面對世界，並期待更好的未來。

每件事的發生都是為了讓我更完善。

我深深相信，所有過去的境況以及經歷，

都是為了使我成為一個更美好、更完整的人。

08 脫離頭腦的喋喋不休，便能獲得心的自由

轉念故事：人無遠慮，必有近憂

大海，一百八十公分的大高個兒，多年以來身材始終保持良好。在IT行業奮鬥二十多年，總能得到上司賞識，一路從技術人員做到架構師，如今是行業諮詢顧問。

人緣極好的大海，可謂人見人愛。長輩們和大海相處，定會誇讚他踏實、孝順、善良、脾氣好、有耐心。朋友們和大海聚會，都誇他帥氣、可靠、有責任心，每次聚會有大海在，其他人基本上不用操什麼心，享受聚會的吃喝玩樂就好，連孩子們都可以交給大海來照顧。

這麼一個人見人愛、口碑極佳的英俊男子大海，一旦和老婆英子驅車出門，卻一

定會被英子指責和抱怨。

有一次，我搭大海夫妻的車去飯店聚餐。那天大海開車，英子坐在副駕駛位置，我坐在後座右側靠窗的位置。剛上車準備出發時，英子掏出手機，打開導航定位目的地，然後把手機夾在方向盤旁的車載手機支架上，「開始導航，距離目的地大約需要十五分鐘」，語音導航就這麼開啟了。

車剛開出去兩分鐘，大海用左手握住方向盤，同時用右手把手機從支架上取下來，開始在螢幕上點來點去，接著我聽到導航提示：「您已更改路線，距離目的地大約需要十七分鐘。」

英子不解，轉頭看向大海，我從後照鏡裡看到她的眉頭緊蹙在一起，擠出個「川」字，兩道眉毛撇成了小八字，接著她大聲對大海說：「你怎麼回事啊，為什麼改路線？？」

大海看見英子生氣了，想著打個幌子安慰一下：「哎呀！兩條路線時間差不多。沒事沒事啊。」

聽大海這麼一說，英子更生氣了：「時間差不多，那你改什麼？我明明聽到比剛才的路線慢兩分鐘！」

大海用力地向左旋轉方向盤，連忙解釋：「這條路我經常走，我擔心剛才的路線會塞車。」

英子聽罷，不說話了，她把身子轉回來，面朝前方，兩個眼睛瞪得圓圓的，深深嘆了一口氣，接著雙手攤開，不停地向外打圈：「我就納悶，你這個人怎麼總是這樣？我明明設定好了，導航說不塞車，你非得改，還說會塞車，你哪來的證據？」

聽到英子說話聲越來越大，大海實在不好意思，馬上安慰說：「好了好了，我改回來行了吧，別生氣了啊。」

英子似乎對大海這樣的反應非常困惑，她不停地說：「我就是搞不懂，你怎麼總是會有這樣那樣的擔心，怎麼那麼奇怪？」

說實話，不只是英子對大海的行為感到困惑，大海對自己為什麼會這樣也充滿疑問。他也不知道自己為什麼總會在一些事情還沒有發生的時候就產生擔憂。直到有一次大海和自己的情緒教練溝通，過程中大海突然發現自己的頭腦裡有一個非常根深柢固的想法：人無遠慮，必有近憂。

轉念奇蹟：不被念頭綁架，看見即自由

「人無遠慮，必有近憂」，指的是一個人如果沒有長遠的考慮，就必定會有眼前的憂患。這是很多人從小就聽過的一句名言，出自《論語．衛靈公》。

當大海發現自己很多行為就是被這句話深深影響的時候，他恍然大悟，終於知道自己為什麼總是會在事情很順利的時候就開始擔憂，甚至在很多開心的場合會不自覺地收起笑容。因為似乎總有個聲音提醒自己，不能太過安逸，不可以純粹享樂。他意識到自己內心深處那種深深的不配得感，即認為自己不值得擁有美好事物的感覺。這種想法，讓他一旦身處美好之中，便會擔憂和不安。

從發現的那一刻開始，大海的轉變就開始了。**看見是什麼阻礙了自己，便擁有了內在的自由和掌控感**。不僅如此，大海還為自己替換了更有力量、更能支持自己的一句話——我可以享受當下的快樂。每當再次開始擔心，他便會去留意是不是那句話又開始作祟了，同時在心裡誦讀新的句子。

時隔兩個月，大海驚喜地發現，原來那句「人無遠慮，必有近憂」不再會干擾到

自己了，他越來越能夠享受當下的快樂，這讓他感受到無比輕鬆和平靜。

大家可能會納悶，「人無遠慮，必有近憂」這句話很有智慧啊，我們從小不就是這麼被教導的嗎？這句話提示我們需要有系統地思考、考慮周全，有什麼問題呢？

其實，影響我們的不是任何一句話，就好像影響大海的並不是「人無遠慮，必有近憂」這句話本身，而是我們對這句話的看法。同樣一件事發生在不同人身上，人們的反應大相徑庭。下雨天，有人歡呼雀躍，有人卻愁容滿面；得到升遷，有人倍感激勵，有人卻深感壓力。

念頭也可以稱為想法，它不僅有能意識到的，也有意識不到的潛意識念頭。**重要的是我們如何與念頭相處**。

我們能控制自己意識到的念頭，卻會反過來被那些意識不到的念頭控制。我們內在那些深藏卻不被自己覺察的信念和想法，決定著我們如何看待世界以及如何付諸行動，每個人的生命狀態便會因此有所不同。

我們究竟是對自己內在有什麼念頭毫無覺知，被念頭牽著鼻子走，完全被念頭綁架，卻渾然不知；抑或可以像觀看電影一般，看著念頭升起又落下，能將自己與念頭抽離，並從中發現更深的自我？這取決於我們的選擇。

我們無法阻止哀傷記憶、自責思想和評判想法被環境激發，但是，我們可以阻止後續事件發生，可以阻止它們自行惡化並引發下一輪消極思想出現，可以阻止一系列破壞性情緒使我們變得哀傷、憂慮、壓抑、焦躁和疲憊。

值得慶祝的是，觀照念頭的能力是可以被培養和訓練的，這便是近年來日漸為人們所推崇的正念。

正念是佛教的一種古老修行方式，它對我們現今的生活具有重要意義。這種意義與佛教本身無關，與是否成為佛教徒無關，它與我們的覺醒、我們能否與自身及世界和諧共處息息相關。

當代正念的廣泛應用與傳播，得益於喬．卡巴金博士，他是麻省理工學院畢業的分子生物學博士，正念減壓療法創始人，美國麻薩諸塞大學榮譽退休醫學教授。

什麼是正念呢？正念意味著以一種特殊的方式集中注意力：有意識地、不予評判地專注當下，如實留心事物從而產生的覺知。

喬．卡巴金在《當下，繁花盛開》中說過：**這種專注，能使我們對當下的現實更**

自覺、更清明、更接納。它使我們清醒地認識到一個事實：我們的生命只在一個又一個當下中展開。

正念教會我們當記憶和傷害性的想法出現時，如何識別它們；正念教會我們用一種新的方式來駕馭思想與世界的連結方式。正念可以為我們創造更加清明清晰的精神狀態，以純粹開放的意識看待事物。它是一個地點——一個制高點——站在這裡，當思想和情感出現時，我們可以將它們盡收眼底，不會馬上被激發而做出反應。我們的內在自我——先天快樂與安寧的一面——不再被各種問題導致的思想雜訊淹沒。

轉念時刻：三個小練習，回歸內在的安寧

接下來為大家推薦三個小練習，你可以從自己感覺最有興趣的那個做起，你持續不斷地練習，便會越來越容易從自己自動化的情緒、念頭運作中抽離開來，從而回歸內在的安寧。

練習一：打開五感去體驗

你有沒有這樣的體驗：本想去廚房拿剪刀，可是走進去卻忘記要做什麼，就是想不起來。本想陪孩子讀會兒書，孩子饒有興致地和你分享自己看書過程中的有趣發現，可是在孩子分享的過程中，你的思緒紛飛，根本沒有聽到孩子說了什麼，當孩子問你：「媽媽，你覺得怎麼樣？」你只能敷衍回覆：「蠻好的。」

很多時候，我們之所以對一切都感覺索然無味，恰恰是因為我們封閉了自己的心，關上了耳朵，閉上了眼睛，對於一切都處於無覺知的狀態之中。

繁忙的工作、瑣碎的生活，讓我們日漸喪失專注於當下的能力。我們的注意力要麼停留在過去，要麼跳到不可觸及的未來，卻鮮少能安住在眼前正在發生的事情。

這個練習的目的是讓我們能夠與當下所發生的一切產生真實的連結。

一旦我們將自己的感官系統打開，我們便能更容易地回到當下。你只需要有意識地將自己的視覺、聽覺、觸覺、味覺、嗅覺喚醒。

比如：我一直有個習慣，女兒晚上睡覺前為她按摩後背，包括捏、按、撓、摸四個環節，那是女兒無比享受的睡前時光，不僅能促進她的睡眠，還能增進我們的感情。有段時間我的工作比較忙碌，需要思考的事情零碎又繁多，即使我已經開始為女兒按摩了，但我的注意力、我的狀態已經完全脫離了那個當下。女兒雖然還小，但她是感覺得到的，有一次她原本已經閉上了眼睛，突然又睜開，眨了眨，好奇地問我：「媽媽，你今天按摩怎麼跟平常不同？」當時我真是慚愧不已。從那次以後，我便開始刻意練習：我把左手放在女兒的後背時，感覺她的後背是柔軟的；我聽到女兒微微的呼吸聲；我聞到她的頭髮上飄出淡淡梔子花洗髮精的香氣；我看到她長長的睫毛微微捲起，有時還伴隨著輕微的顫抖……在這個過程中，我感覺到無比幸福和平靜。

這樣的五感體驗可以帶入日常生活的每一個場景，吃飯、喝茶、刷牙、洗臉、洗碗、走路、訓練……你可以嘗試讓自己去感知一個無比熟悉的小東西，就像你從未見過它那樣觀察它，觸摸它，聆聽它，聞聞它，品嘗它。在這個過程中，你可以充分去感知這個物品到底和你以往固有的認知有什麼不同。一旦你開始將自己的感官體驗帶入當下的場景，你就真實地存在於那個當下了。如果我們的五感能夠每時每刻充分去體驗，每一個物品、每一個人、每一件事對我們而言就都像是嶄新的一樣，我們會獲得全然不同、純粹又深入的體驗。

練習二：抽離出來觀看生活小電影

在生活和工作中會發生這樣那樣的事情，總有一些事會讓你印象深刻，或許是意外之喜，也可能是突如其來的打擊。

除了任由這些事自然發生，你還可以做一件極富意義的事，就是觀察事情發生的過程。特別是那些你百思不得其解的經歷和重複出現卻無法擺脫的行為模式，都值得你花時間進行觀察。

印度哲學家克里希那穆提說過：**不帶評論的觀察是人類智慧的最高形式**。

去觀察，不加入自己的喜好判斷，不帶入對他人的對錯評價，就好像你在眼前擺放了一個螢幕，上面正在播放一部電影，這部電影就是你自己的真實經歷。這樣中立客觀地去仔細看、認真聽的時候，你會看到什麼，又會聽到什麼？當你將所有看到、聽到的資訊聚集在一起，又會發現什麼？

這個小練習曾經幫助過我自己以及幾十位學員，讓我們從自己的自動化判斷中抽身出來，看到全域，洞見智慧。大家一定要多多嘗試。

練習三：十指感恩練習

正念練習有很多不同的形式，在我看來，一個巨大的價值就是訓練我們「有意注意」的能力，說白了就是管理並訓練我們的注意力。**注意力在哪裡，能量就流向哪裡，成果就會發生在哪裡**。

花一點時間回顧一下，過去的你，注意力都放在了哪裡？每一天你在刻意練習什麼？你在刻意練習抱怨、憤怒，還是刻意練習感恩、欣賞？

美國心理學家大衛．霍金斯博士用了三十八年的時間研究人類在不同精神狀態之下的振動頻率，最終將人類的意識能量層級劃分為二十到一千（注：頻率二十＝兩千次／秒，即每秒鐘振動兩千次，見圖8-1）。每一個人的能量層級都是由這個人的信念、心念、行為準則和思維境界決定的，而一個人的能量層級又決定了這個人生命中的一切，所以我們每一個人最終將會為自己的每一個念頭、語言和行為負責。

其中，感恩屬於愛的層級，指的是「聚焦生活的美好，會感受到真正的幸福」。一個人越能感受到生活中值得感恩的人、事、物，幸福感便會越強，生命中也會遇見越多美好的人、事、物。

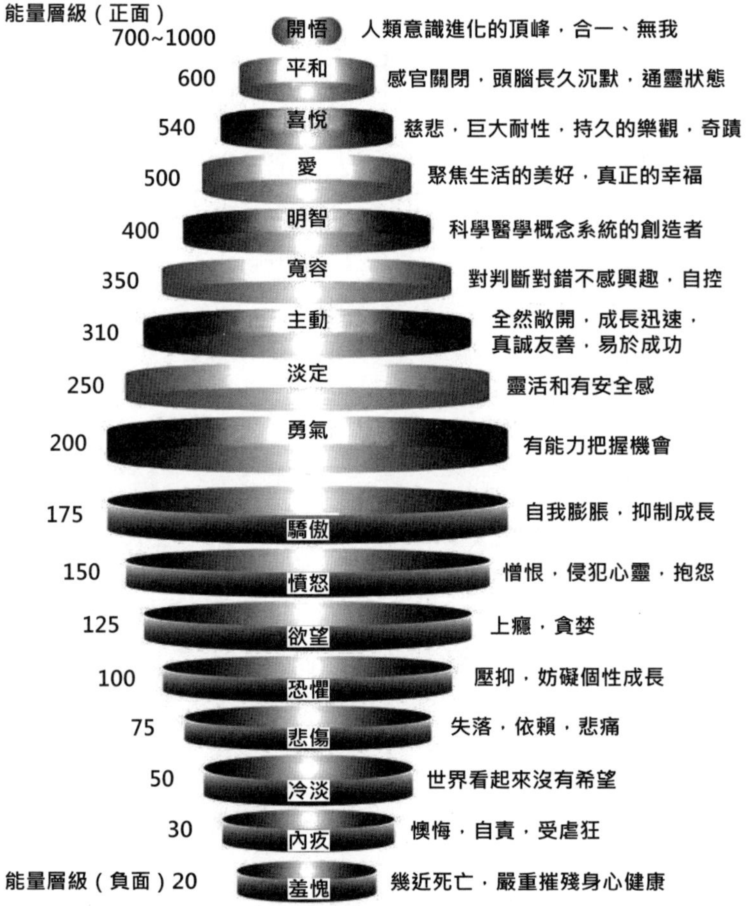
能量層級（正面）
700~1000
開悟
人類意識進化的頂峰，合一、無我
600
平和
感官關閉，頭腦長久沉默，通靈狀態
540
喜悅
慈悲，巨大耐性，持久的樂觀，奇蹟
500
愛
聚焦生活的美好，真正的幸福
400
明智
科學醫學概念系統的創造者
350
寬容
對判斷對錯不感興趣，自控
310
主動
全然敞開，成長迅速，
真誠友善，易於成功
250
淡定
靈活和有安全感
200
勇氣
有能力把握機會
175
驕傲
自我膨脹，抑制成長
150
憤怒
憎恨，侵犯心靈，抱怨
125
欲望
上癮，貪婪
100
恐懼
壓抑，妨礙個性成長
75
悲傷
失落，依賴，悲痛
50
冷淡
世界看起來沒有希望
30
內疚
懊悔，自責，受虐狂
能量層級（負面）20
羞愧
幾近死亡，嚴重摧殘身心健康

圖 8-1　霍金斯能量層級圖

圖 8-2　十指感恩練習

鼓勵大家在晚上入睡前進行十指感恩練習，即回憶這一天最值得你感恩的十件事，用你的十根手指頭來記錄（見圖 8-2），你可以寫下每根手指代表哪件感恩的事，也可以在躺下後伸出雙手，想起一個，便收回一根手指。

這三個小練習，簡單易行，隨著練習的頻率增加，你會越來越感受到自己由內而外的變化，頭腦清明安靜，遇事從容淡定，也會擁有更加幸福和諧的人際關係。

轉念肯定句

我不是我的念頭，我不是我的想法。
念頭好像天空中的雲朵，來了也會走，
而我是那永恆存在的天空。
我比我以為的自己要強大得多。

09 世間再多紛擾，守住初心方能抵達理想彼岸

轉念故事：生命中突如其來的變化，如何處變不驚地應對

文青是我非常好的朋友，最近她的經歷真的跟雲霄飛車似的，驚心動魄。

被取消的航班，沒趕上的飛機

暑假她帶老爸和女兒去昆明辦理新房的收尾事宜。準備從昆明離開的當天一大早，他們還沒起床便接到了訂票平台客服的電話，手機在床邊嗡嗡地振動著，睡眼惺忪的文青拿起手機接聽，「很抱歉地通知您，您乘坐的航班取消了」。

文青一下子從床上坐了起來，好像被澆了一盆冷水，立刻清醒了過來。她馬上聯

絡客服協調更換航班。無奈太多航班被取消，很多機票都從原來一千多元漲到七八千元人民幣，真是讓人措手不及。在綜合考慮價格合理、時間盡早的情況下，她快速決定乘坐下午從昆明出發，中轉遵義再到北京的航班。

航班改簽完畢，文青和老爸、女兒心裡的石頭總算落了地。他們把家收拾完畢，悠悠哉哉地搭計程車出發去機場了。

沒想到因為對當地路況不熟，考慮不周，預留時間不足，等她們到達機場櫃檯時，工作人員告訴文青，行李已經無法辦理托運。

這讓文青尷尬至極，要知道當天中轉遵義的航班只此一班，即使能趕上飛機，行李卻還是沒有著落……無論如何，托運是不可能了，只能帶行李上飛機。但是行李箱裡還有一些不符合規定的化妝品和其他物品，無法直接登機，需要透過快遞寄回北京。看著老爸氣喘吁吁地站在旁邊，文青內心特別愧疚，後來經過各種嘗試和努力，幾經周折，總算搞定。

從出發到現在，文青和老爸、女兒各種奔波，筋疲力盡，終於到達登機口，卻發現登機口沒有人，連工作人員的影子都看不到。文青反應過來：「完蛋了，登機結束，飛機走了。」

當時的文青真的非常沮喪，看著七十三歲的老爸和十二歲的女兒跟著她累得氣喘吁吁，結果還是錯過了航班，她心裡充滿了愧疚。

她著急地踱著步子，開始暗自嘀咕：「唉，這事又能怪誰呢？還不是自己預估錯了時間出門晚了？」稍過一會兒，文青開始轉念思考起來——此刻我該怎麼辦？開學在即，今天一定要帶女兒返回北京，否則就會耽誤女兒開學。她撥打訂票平台客服電話協調航班，同時申請航空公司的全額退款。讓人絕望的是，沒有任何一個航班能夠滿足他們的需要。

儘管希望渺茫，文青依然沒有放棄，她再次打開了手機應用程式，奔著當天一定要返回北京的目標，查到了高鐵加航班的選擇。於是，她決定下午四點先坐高鐵到貴陽，再轉航班回北京，就這樣莫名其妙又幸運地在這一次旅程當中快速打卡了從未去過的貴陽，並且順利地回到了北京。

到達北京搭車回家的路上，文青居然還收到訂票平台客服全額退款的好消息，文青開心得像個孩子，和老爸、女兒分享這個好消息。落地北京的時候已經凌晨兩點了，但是文青、老爸還有女兒早已忘了這一天曲折的遭遇，心裡只剩下幸運和感恩了。

兩件大事都很重要，時間卻衝突了

回到北京，文青馬上投入無比忙碌充實的工作中。萬萬沒想到她喜愛的兩項重要工作居然「撞車」，時間衝突了！

一項是今年文青最意外的驚喜——參與一部公益電影的拍攝工作。文青從小的演員夢居然能在今年實現，要知道她已經是四十二歲的人了。更讓她驚喜的是，這部電影結合了文青自己的專業、使命以及興趣，光想想她都覺得不可思議。另一項則是公司早已安排好的對外認證公開課程的培訓。

看到攝製組發布的拍攝計畫，文青非常糾結。她不知道如何和公司交代，如何在開課前的最後三天開口提出調整和改動。

文青找了一個安靜的角落，閉起眼睛做了三次深呼吸，每一次吸氣，都感覺更安定和清晰，每一次吐氣，就像把擔心、糾結都吐出去一樣。然後她問自己：「我如何既能夠保證課程的順利交付，又能確保劇組的拍攝工作不受影響呢？」

文青決定馬上和公司同事進行電話溝通。帶著平靜的心，文青認真地聽取每個人的意見和想法，也真實地表達自己的擔心和歉意。在溝通過程裡，她感受到每個人都在朝著大家想要的理想結果去努力，她也如此。

帶著大家的建議，還有自己心裡的點子，文青耐心和劇組進行溝通，最終做出了兼顧兩項工作的決定。她協調好了和搭檔培訓的時間安排，也如期參與了正常拍攝，兩項工作都沒耽誤。

文青的故事就到這裡了，你有什麼感覺？這樣的經歷或許不會經常出現，但是假如出現在你的生命裡，你會如何去應對？文青處理的過程，又帶給你怎樣的啟發？

轉念奇蹟：守住初心，方得始終

我當時聽完文青的分享，真的替她高興，忍不住為她鼓起掌來，還好奇地問她：「這麼刺激的經歷，你處理得這麼到位，是怎麼做到的？」

文青若有所思地點點頭：「你別說，我還真總結了一下。」

「哦？快說來聽聽！」

「我覺得面對這些突發事件，我之所以能處理好，結果還都不錯，最重要的是——**我沒有陷進問題裡，而是不斷地提醒自己『我想要的是什麼』**。」

不斷提醒自己「我想要的是什麼」，是我們永遠不能忘記、始終要守住的初心。面對突發狀況，特別是糟糕的事情時，我們是選擇抱怨指責，感覺不爽，嘀嘀咕咕產生內耗和負面情緒，被眼前的困難和問題阻礙，還是能轉換思維，專注於自己想要什麼，釐清想實現的目標，牢記想要到達的目的地？

這是兩種完全不同的思維方式，前者是「問題思維」，後者則是「成果思維」。

問題思維會更關注「哪裡出錯了？問題是什麼？為什麼會這樣？什麼原因導致的？」這會讓人挫敗、憤怒、恐懼、焦慮，沒有動力積極面對。比如，遇到孩子不寫作業，有的媽媽會這樣和孩子溝通：「你怎麼又不寫作業？你怎麼總是這樣？你這是第幾次不寫作業了？」此時孩子會是什麼狀態、什麼表情、什麼反應？他的腦子裡會怎麼想呢？

「成果思維」關注的是「目的地在哪裡？我為什麼出發？怎樣是更好的做法？問

題出現了，我如何面對和解決？我可以做出的改變是什麼？」這樣的思維，讓人輕鬆、平靜，並且具有啟發性和激勵作用，讓人忍不住想要去創造、行動。

沿用上文的例子，同樣遇到孩子不寫作業，具有成果思維的媽媽是這樣和孩子溝通的：「怎樣才能讓寫作業這件事更輕鬆？你想要媽媽怎麼支持你？這件事下次怎麼避免呢？你希望媽媽怎麼和你溝通？」此時孩子又會是什麼感覺？他會如何看待媽媽、看待自己？接下來他可能會怎麼做？

面對孩子不寫作業的情況，父母的目的其實都是讓孩子能自動自發地完成作業。這就是我們的初心，也是我們要牢記的溝通目的。

不論是「問題思維」還是「成果思維」，其本質都是注意力管理。

注意力就是每一天我們習慣於盯著什麼去看。比如，走在街上的公園，是習慣於去看孩子的笑臉、綻放的花朵、萌芽的小草，還是會被正在吵架的兩個人吸引？

注意力也是每一天我們在聽什麼。是喜歡聽清新平靜的鋼琴曲，還是悲傷憂鬱的失戀情歌？喜歡循環播放的是輕快自由的民謠，還是熱烈躁動的電子樂？

注意力更是感受。是感受到更多幸福還是憤怒？是不自覺感到悲傷還是快樂？

其實，這都是我們的選擇，也都是可以訓練的。如果總是感覺生活沒有希望，終日情緒低落，不妨看看自己的注意力都放在哪裡。

越關注什麼，什麼就越會被放大。懷孕的時候，一天晚飯後我和姐姐在社區散步，目之所及居然都是和我一樣挺著肚子的準媽媽，我當時就非常驚訝，說：「姐，怎麼這麼多孕婦啊？我怎麼以前就沒發現？」姐姐哈哈大笑回答：「因為以前你沒當媽媽，在你的注意力範圍裡根本就沒有孕婦啊！」

我們想要什麼樣的人生，就要多去關注什麼。想要開心，就多和能帶給自己開心的人在一起，多做讓自己開心的事，讓生活中充滿能帶給自己開心的物品；想要健康，就多吃健康的食物，多靠近喜歡運動健身的朋友。

身處於世，我們的計畫總是會被各種突發事件打亂，生活中也總是會出現令人手足無措的問題和糟糕的事情；當我們做了一個決定後，也常常會收到外界各種異樣的聲音，與自己的觀點截然不同，使得自己游移不定、不知所措。無論我們遇到什麼，都不要忘記最重要的事——**守住自己的初心，管理好自己的注意力**。不忘自己想要的是什麼，浸泡在與自己理想人生同頻一致的人群中，努力去實現自己想要的結果。

轉念時刻：三類問題養成成果思維

每個人都會遇到各式各樣的挑戰和問題，遇到時請記得問問自己這三類問題——

第一類，聚焦成果。比如：無論我遇到的困難有多大，我始終想要的是什麼？眼前的狀況很有挑戰性，什麼是我想要達成的理想結果？

第二類，回歸當下。比如：為了實現我想要達成的理想結果，此刻我能做的最佳選擇是什麼？

第三類，立刻行動。比如：現在，我馬上可以做點什麼？

當我們抱有成果思維時，我們就不會被困難迷惑，也不會被挑戰卡住，而是能夠溫和而堅定地去處理眼前的困境，帶著對生命的感悟一路堅定地邁向我們的目標。雲霄飛車般的經歷可能並不會總是出現，但是成果思維卻是一種我們可以刻意訓練、努力養成並受益終身的思維方式。

轉念肯定句

所有的挑戰，
都是我發掘自己更大潛能的機會。
變化是為了發展我的靈活性。
當我清楚地知道自己想要的是什麼時，
全世界都會為我讓路。

10 成為「自燃者」，創造理想的工作

轉念故事：熱愛工作的人是什麼模樣？

週五孩子們放學後，我們全家驅車來到密雲古北水鎮。這是一次突發奇想的週末遊，我並沒有特別查行程。在民宿辦理完入住，我們大大小小八個人就奔著遊客稱讚有加的小鎮夜景而去。

進入風景區，身心一下子從繁忙嘈雜的都市切換到小橋流水人家，我和姐姐、姐夫打趣說：「這地方適合自己來，也適合和另一半來，和朋友來，放鬆、獨處、靜思……」孩子們也歡喜地說：「我就喜歡這樣的生活，悠悠哉哉……」

沿小鎮走走停停，傍水的客棧、美味的小食、閃爍的星光、悠然的手藝人，不知

不覺已經九點半。想想平日裡，孩子們八點前就已入眠，這個不同尋常的週末，就破例一次吧。

遊覽了小鎮夜景，心滿意足，雖然遊客眾多，小鎮的美卻讓人內心安寧。我們決定坐小鎮特色的烏篷船返程，不料居然在碼頭等待了一個多小時。漫長的等待，多少讓人心情急躁，終於上船，安坐下來，卻沒想到美好就此展開——

船夫熱情極了，馬上安慰我們說：「大家都坐好嘍，我一定讓你們覺得這一個多小時的等待沒有白費，一定讓你們度過一個美好的夜晚。」這熱情和喜悅的聲音，讓人一下子忘掉煩躁，安下心來。他叮囑我們穿好救生衣，然後說：「你們不著急吧？我就帶你們好好享受一下這次旅程！」就此開啟了我們愉快又難忘的烏篷船之旅！

船夫開心地介紹說這艘船是明星船，不少明星都坐過。不過吸引我們的並非明星，而是這位看起來與眾不同的船夫。這一夜，**他就是那位擺渡人，載我們上岸回家，將生活中的疲憊焦急帶走，更將內心的安寧幸福種下。**

他解答我們的任何疑問，小鎮的歷史、景觀的建造，風趣又生動；他為我們唱歌，船號、民歌，悠遠綿長，引得岸上遊客回頭又鼓掌；他為孩子獻上閩南語兒歌當禮物，活潑動人，純真自然；他為我們演唱〈莫斯科郊外的晚上〉，還和我們分享俄羅斯遊客聽過後對其流利的俄語讚不絕口……

半個多小時的時光，時而歡愉，時而溫暖。我帶著由心而發的讚嘆說：「師傅，我感覺您特別熱愛和享受自己的工作！」師傅笑著回答：「是啊，自己開心最重要！」他的言語、他的歌唱，還有由內而外的熱情深深感染著我們每個人。

我一路上常常回頭看他，他的笑容、他的從容、他的熱情，牢牢印在我的心裡。這是一份依靠體力的工作，他做得如此享受。

上岸前，船夫笑著對我們說：「好啦！今晚的遊船之旅就到此結束啦！祝福你們生活愉快！」我們不約而同地鼓起掌來，那掌聲裡飽含著我們的感謝、祝福，還有些許不捨……

回想這一路，我們與很多艘烏篷船相遇，那些船隻安靜無聲，唯有我們的小船，始終充滿樂趣、溫暖與幸福。

轉念奇蹟：工作中蘊藏無限機會讓我們發揮潛能

你如何看待自己的工作？
你如何評價自己在工作中的表現？
你認為自己在工作中發揮了多少潛能？
如果十分是完全發揮，一分是一點都沒發揮，一分到十分，你為自己打幾分？
你認為是哪些因素阻礙了自己潛能的發揮？

明白了「為什麼而做」，就解決了一切「怎麼做」的問題。

一旦你明白了「為什麼工作」，自然會找到無限多的方法把工作做好。

稻盛和夫先生在《鬥魂》中說：**「有沒有值得終生投入的工作可做，是人生幸與不幸的關鍵，但首先要找到工作的意義。」**

我們與動物最大的不同便是對生命意義的追尋。一個人如果明白了自己生命的意義，並能為此投入努力，便會無比幸福。在生命意義中占據很大比重的便是工作的意義。如果一個人只把工作看成上司交辦的事情、任務，找不到與自身的結合點，他在工作中就很難煥發熱情和動力，也很難做出成績，更無法獲得滿足感和幸福感。

我們每一天都忙於做事，可是為什麼要做這些事？這些事對自己到底有什麼意義？如果找不到意義，我們的內心便是空洞的、失落的，終日只是做做做，沒有熱情、沒有動力，似乎也看不到未來，看不到希望。

我們需要經常問自己——

什麼對我是重要的？

在我的工作中，我最看重什麼？

如果我可以自己創造一份工作，我希望這份工作是怎樣的？

如果我可以把興趣、熱愛、特長都融入工作，我的工作會成為什麼樣子？

透過回答這些問題，我們便會遇到自己看重的價值和意義。有趣的是，當我們內心清楚自己看重的價值和意義的時候，我們便能找到很多方式和路徑去實現它們，會出現很多可能性。但是，當意義和價值不清晰的時候，我們便好像無頭蒼蠅，不知方向何在，四處亂撞……

一個特別喜歡「創造」和「創新」的會計，在不知道自己這個喜好的時候，可能會抱怨工作無趣，甚至後悔自己怎麼會做了會計工作；然而，他在意識到這一點的那一刻，其實也就獲得了內在的自由。能夠讓自己發揮創造力的空間也可以由自己創造出來。創造性地開團隊的溝通會議，用創意滿滿的形式進行工作彙報，工作之餘找到發揮創意的其他空間……這些都是可以的。

價值和意義，是我們的內在動力。不是只有做熱愛的事，工作才會有意義；相反，當我投入我所熱愛的，有意義的工作便會產生。是我創造了理想的工作。

一個熱愛工作的人是什麼模樣？

熱愛工作的人，非常明白自己在工作中想要的是什麼，並且聚焦和專注。

熱愛工作的人，會在工作中尋找樂趣，即使工作看起來重複又無聊。

熱愛工作的人，會在工作中發展自己做事的方法，最大化地發揮自己的長處。

熱愛工作的人，會被工作的過程激勵，他們用內在的意義與價值驅動自己，而不只是依靠外在的結果和物質。

熱愛工作的人，會與工作服務的對象建立深深的連結，在關係中滋養自己，也積極影響對方。

熱愛工作的人，達成一個職涯發展目標後，會堅定地向下一個目標邁進，並且每一次都全力以赴。

轉念時刻：人生的結果＝能力×熱情×思維方式

人生的結果＝能力×熱情×思維方式。這是稻盛和夫先生總結的人生方程式。你想要創造怎樣的人生結果，就看能力、熱情、思維方式這三個方面做得如何。

能力：關於「怎麼做」，是做事的方法。熱情：關於「為什麼做」，是做事的動力。思維方式：關於「如何看待所做的事」，是一個人的心態、態度，是一個人準備用怎樣的精神狀態投入工作、度過一生。

當下的你對自己的人生結果滿意嗎？在能力、熱情、思維方式中，你哪個方面最強，哪個方面最需要提升？

雖然三個要素缺一不可，但是思維方式可以說是決定性的。如果你認為工作是令人厭煩、沒有樂趣的，那麼你就不會有熱情，更不會去學習如何把工作做得更好。正如稻盛和夫先生描繪的那樣——世界上沒有比心靈扭曲的天才發奮努力更危險的事情。在錯誤的方向上努力，只會距離我們理想的人生越來越遠。

當你用正確的態度看待自己的工作，你就可以去挖掘自己的動力是什麼，這份工作到底能為你創造哪些價值和意義，你能從這份工作中收穫什麼。

一旦你調整了自己對工作的看法和心態，找到了工作的動力，你自然會找到方法把工作做好，呈現更高的水準。

即使有一天離開了現職工作，你也會因自己沒有虛度時光而深感欣慰，會因為自己竭盡所能而不留遺憾。

你也會發現，**你所走過的每一步，都在把你帶到更好的地方去；你走過的每一段生命經歷，都在支持你更好地在自己的生命軌道中前行。**

張嘉佳在〈擺渡人〉中說：
世界那麼大，讓我遇見你。
我們都會上岸，陽光萬里，路邊鮮花開放。
無論我做過什麼，遇到什麼，
迷路了，悲傷了，困惑了，痛苦了，
其實一切問題都不必糾纏在答案上。
我們喜歡計算，又算不清楚，那就不要算了，
而有條路一定是對的，那就是努力變好，
好好工作，好好生活，好好做自己，
然後面對整片海洋的時候，
你就可以創造一個完全屬於自己的世界。

轉念肯定句

我的人生志業就藏在每天所做的事情中。

我現在就可以充分發揮自己的天賦才華。

我可以創造我想要的工作。

第三篇

最深刻的療癒，都藏在關係裡

11 快樂的人，不會製造不快樂

轉念故事：哪有時間和精力關注自己呢？

素言曾是一家餐飲企業的市場總監，在職場工作十五年。她注重學習成長，為人謙虛友善，關注下屬發展，深得老闆喜愛，團隊夥伴對她也讚賞有加，整個團隊穩定性極強。八個人的年資幾乎都是五到十年，儘管有兩個夥伴曾經離職，但不到半年又回來了，可見該企業和素言對大家的吸引力，以及團隊成員的歸屬感有多強。

雖然熱愛工作，可是素言心裡一直有個遺憾，就是總也懷不上孩子。三十五歲那年，經過長期中醫調理，素言終於當媽媽了。這對素言和全家人來說都是莫大的幸福。為了更好地照顧孩子和調養自己的身體，經過和家人商量，素言選擇辭職，她決定親自帶孩子，雖然對公司和工作有不捨，但這是那個當下最好的選擇了。

當全職媽媽，一點不比在職場打拚輕鬆。素言越來越能體會大家說的「全職媽媽是超人，是多工管理的高手，是時間管理、精力管理的達人」。她操心孩子每日的吃喝拉撒睡，陪伴孩子從牙牙學語到第一次叫媽媽，同時把家裡整理打掃得整潔乾淨，也希望能把老公照顧得周到體貼，用各種點子做出每日的早晚餐，還有週末的家庭活動。素言是職場上的精英人士，在家安排事務也幹練高效。

轉眼女兒一歲半了，回想過去一年多的時光，素言感覺比在企業工作忙碌辛苦太多了，卻沒有什麼可見的成果。一天中午，女兒吃過飯午睡，素言終於可以安靜下來休息一下。她邁著沉重的雙腿，走到梳妝檯前一屁股坐了下去，盯著鏡子裡的自己，覺得熟悉又陌生：那個精緻幹練的素言去哪裡了？眼前的這個女人，大中午的都還沒顧上洗臉，頭髮凌亂地散盤著。她在鏡子裡慢慢觀察著自己，突然看到右側耳朵旁的頭髮上居然還黏了一顆大飯粒。

素言內心莫名地悲傷起來，她取下飯粒，回頭看看安寧熟睡的女兒的小臉，想著這個可愛的孩子為家庭、為自己帶來了多少快樂和幸福，素言的臉上露出了淡淡的微笑。當她再次轉回頭來看著鏡子裡的自己時，眼淚卻不由自主地一下子流了下來。

素言的內心有很多矛盾，她很愛孩子與這個家，但面對眼前做不完的家務、日復一日不變的生活，她突然有些茫然，不知道未來的路要怎樣走。偶爾在無人打擾的間歇，她也會想：過幾年女兒長大了，我又要做什麼呢？等我回到職場，還能找到合適的工作嗎？離開職場的這幾年，我已不知道外面都發生了什麼，又如何去適應呢？

這些疑問反覆吞噬著素言的信心，很多個夜晚她總是會突然驚醒，坐起來後一頭冷汗，時間長了，她的睡眠品質日漸下降，脾氣也變得波動易怒，常常跟孩子發火，也會在老公在家時莫名地生氣。從前甜蜜和諧的家庭氛圍，似乎正在漸漸消逝。

有一次，素言找我交流，看到她疲憊的臉龐、說話時無精打采的神情，我好奇地問她：「親愛的，有什麼想和我說的？」素言眨了眨眼，然後有氣無力地看著我：「我也不知道，只是覺得很累，感覺越來越不喜歡自己了，我也感覺老公越來越不喜歡回家了。」素言說到這，忍不住失聲痛哭。

看著素言，回想起那個曾經閃閃發光、自信從容的她，我特別能理解積壓在她內心的感受，那是一種極其複雜交錯的情感，有對孩子和老公的內疚，有對當下的無助無力，有對失去的悲傷遺憾，更有對未來的焦慮擔憂。

等她情緒慢慢平復一些，我輕輕地挪動到離她稍近的位置：「親愛的，你好些了嗎？」「謝謝蘭雯，我好多了，我已經很久沒有這樣哭了，我感覺心裡悶得慌，平時沒有地方可以傾訴，沒想到見到你就失控了。」

「親愛的素言，別想那麼多，你太需要這樣的釋放了，我非常理解你的處境，我知道一個全職媽媽會面臨什麼，又在承擔什麼。需要的時候，你都可以來找我，每個人都需要被傾聽，每個人的情緒都需要一個出口。」

素言聽罷，深深嘆了一口氣，好像把找我之前的擔心顧慮都吐出來了一樣。然後，她迫切又好奇地問我：「蘭雯，我該怎麼辦呢？這樣的情況，作為全職媽媽，我接下來要怎麼做呢？」

「素言，你聽過這樣一句話嗎？**快樂的人，不會製造不快樂。你最需要做的，就是照顧好你自己。你最需要的是好好愛自己。**」

「愛自己？照顧好自己？怎麼可能啊？我現在這個樣子哪有時間愛自己、哪有精力照顧自己呢？家務、孩子、老公，我已經忙得不可開交了啊！」

轉念奇蹟：當你學會愛自己，全世界都會來愛你

快樂的人，不會製造不快樂。你見過一個開心快樂的人去找別人的麻煩嗎？你聽說過誰家天天吵架卻總能看到家裡人的笑臉嗎？愛滿自溢。心情好的時候，你看到孩子就想上去親她一口。遇到好事，老公下班，你就會主動上門迎接。

你會擔心愛自己是自私的表現嗎？愛自己，不是自私，而是自我照顧，是把照顧自己的責任百分之百放在自己身上，而不是寄希望於其他人。

我們照顧好了自己，才有能量真正去照顧其他人。我們自己被很好地照顧了，再照顧別人時，我們的心境才會是不求回報、心甘情願的，而不是委屈無奈、愧疚自責的。能量雖然看不見，但其實我們都能感覺得到。

熱愛烹飪的人，每次做飯都是享受。我老爸是特級廚師，做了一輩子飯，雖然已經七十三歲了，每每家庭聚會，他依然神采奕奕地在廚房忙前忙後，搭配擺盤、蒸炸煮炒樣樣精通，做出的飯菜被大家一搶而空之時，就是他最滿足開心的時刻。老爸做出的飯菜，吃起來總是特別可口，因為這飯菜裡蘊含的是愛，是喜悅的能量。為大家

做飯，老爸不圖回報。最關鍵的是，即使沒有聚會，老爸也會把自己照顧得好好的，午餐一葷一素，糙米飯一小碗，拍好照片傳給我看，隔著螢幕我都能感覺到老爸的那份自在和開心。老爸還有非常好的習慣，每天堅持快走，五穀雜糧搭配吃。懂得養生的姐姐給老爸的建議，他都乖乖聽話照做。雖然沒有和我們一起生活，老爸也把自己照顧得周到細緻，他深深愛自己，讓我們無比安心。老爸真如他網名所言「老頑童」，像個孩子一樣簡單、快樂，對新鮮事物充滿好奇，和這樣的老爸相處，我們格外輕鬆、開心，沒負擔。在我們之間，沒有虧欠，沒有應該，沒有必須，**每個人都是獨立的個體，都能把自己照顧好，我們聚在一起，也可以相互依賴，彼此滋養。這就是最好的關係。**

在關係中，我們常常用「應該、必須、不得不」來對自己和對方講話，「我必須把孩子照顧好，才能睡覺」、「我不得不放棄我的工作」、「我不應該對老公發脾氣」。太多的、持續的「應該、必須、不得不」在我們的心裡積累了大量的負面情緒，是內疚、自責、委屈、怨恨，是憤怒、焦慮、擔憂、恐懼。這些負面情緒不僅會傷害我們的身體，也會在爆發時傷害我們與對方的關係。

真相是，在任何一段關係中，每個人只有做好了自己，找到自己恰當的站位，整個關係才會良好地運轉起來。

因此，讓我們從好好愛自己開始。當你開始愛自己，全世界都會來愛你。

轉念時刻：愛自己的四個維度

到底怎樣才叫愛自己呢？愛自己可以從四個維度入手。

關愛身體

太多人在說「我得開始運動了」，卻久久沒有行動；很多人知道熬夜不好，卻總是在深夜才開始真正的活動。我們深知身體對自己的重要性，卻總是無限拖延和疏忽對身體的照顧。

身體是靈魂的廟宇，是最真實、極具智慧的載具。你的不舒服、不開心，若稍加留意都會在身體上發現痕跡，不會等到病灶惡化才意識到問題的嚴重性。做決定時，到底是不是內心真實的想法，是不是身心合一的選擇，你的身體也是最清楚的。你身體的每次放鬆、舒展，都在提示你此刻的處境是你的內心想要的。

吃健康的食物，定期進行輕斷食，保持充足的睡眠，找到自己喜愛的、舒適的方式，有節奏地展開運動，這些都是對身體必需的照顧。此外，接納自己的容貌和身材。雖然它們或許不是最好看的、最亮麗的，卻是獨一無二的存在。一旦你開始接納自己的身體，身體也會開啟它的自我療癒和康復。對抗、不接納的能量，都會在身體裡留下瘀堵。一旦讓身體良好運轉起來，你會發現身體能給予你的寶藏是無窮的。你會精力充沛，靈感湧現，思維敏捷，行動快速。

關愛情緒

愛自己的第二個維度便是關愛自己的情緒。情緒是我們對外界刺激的反應，或正面或負面，情緒的本質是在告訴你，你內在的需求是否得到了滿足。

如果你的需求得到了滿足，比如老公誇讚你煮的飯好吃，你得到了「欣賞」，就會非常開心和幸福；上司在會議上表揚你的專案報告做得專業，你得到了「認可」，就會非常滿足和自信。

相反地，假如你的需求沒有被看見、被滿足，你便會產生負面情緒。就好像你剛打掃乾淨的廚房，被兒子和同學弄得亂七八糟，你瞬間感到「生氣」，因為你的勞動成果沒有得到珍惜和尊重；你花了兩小時準備豐盛的晚餐等待朋友們來聚會，結果他們臨時不來了，你會感到「失望、沮喪、抱怨」，因為你的用心、付出被枉費了。

情緒是一條自我觀察和成長的絕佳路徑。學習每天覺察自己的情緒，你會越來越懂得自己，看見腦中原本不可見的想法，看到這些想法的局限和偏執，從而有機會去突破和穿越。漸漸地，你會學會滿足自己的需要，更會了解自己想要的到底是什麼。

我向大家提供一個簡單好用的情緒覺察記錄範本（見圖11-1）。在每一天，尤其是在那些自己不開心、不舒服的時刻，填寫下覺察到的情緒，你會對自己有全新的發現，讓生命每一天都向前。

釋放創造力

每一次當我們自己去完成和創造了想要的結果時，我們的自我感覺就會非常好。

【情緒覺察範本】

發生了什麼？

____

我的情緒是什麼？

____

這種情緒背後我是怎麼想的？

____

這種情緒背後我的需求是什麼？

____

接下來我可以做點什麼？

____

圖 11-1 情緒覺察範本

生而為人，創造力可以說是我們最偉大的能力。

每一天，在工作和生活中，你都可以釋放自己的創造力，去解決面對的問題，去創造理想的人生。每當你想要實現一個目標，或想要解決遇到的困難時，都可以嘗試用下面的問題來創造——

我想實現的理想結果是什麼？

如果沒有任何限制，我會怎麼做？

這方面最有經驗的人會怎麼做？

有什麼方法是我從未嘗試過，今天可以試試看的？

為了取得理想結果，我可以做的一小步改變是什麼？

透過每一次不一樣的思考，透過每一步小小的行動，去「做到」，去「實現」，去「創造」。

活出自己

最高維度的愛自己就是活出自己。對你來說，活出自己意味著什麼？什麼代表活出你自己了呢？活出自己意味著發揮天賦熱情，意味著最大化綻放自己，象徵著把自己慷慨地奉獻給這個世界。

千萬不要被這裡活出自己的定義給嚇到了，其實你只要每一天開心地做自己，投入地做自己熱愛的事，用自己擅長的技能去服務他人，就是在活出自己。

下面這首由一位美國詩人所作，輾轉改編而來的詩〈當我真正開始愛自己〉[2]，表達了作者的生活和人生態度：愛護身體、活出自我、笑對人生、追求精神和心靈的愉悅。在這裡引用來送給大家——

當我真正開始愛自己／佚名

當我真正開始愛自己，
我才認識到，所有的痛苦和情感的折磨，
都只是提醒我：活著，不要違背自己的本心。
今天我明白了，這叫作「真實」。

2本詩選自人民文學出版社出版的《夏天最後一朵玫瑰》一書。

當我真正開始愛自己，
我才懂得，把自己的願望強加於人，
是多麼無禮，就算我知道，時機並不成熟，
那人也還沒有做好準備，
就算那個人就是我自己。
今天我明白了，這叫作「尊重」。

當我開始愛自己，
我不再渴求不同的人生，
我知道任何發生在我身邊的事情，
都是對我成長的邀請。
如今，我稱之為「成熟」。

當我開始真正愛自己，

我才明白，我其實一直都在正確的時間、正確的地方，
發生的一切都恰如其分。
由此我得以平靜。
今天我明白了，這叫作「自信」。

當我真正開始愛自己，
我不再犧牲自己的自由時間，
不再去勾畫什麼宏偉的明天。
今天我只做有趣和快樂的事，
做自己熱愛、讓心歡喜的事，
用我的方式、我的韻律。
今天我明白了，這叫作「單純」。

當我開始真正愛自己，

我開始遠離一切不健康的東西。
不論是飲食和人物，還是事情和環境，
我遠離一切讓我遠離本真的東西。
從前我把這叫作「追求健康的自私自利」，
但今天我明白了，這是「自愛」。

當我開始真正愛自己，
我不再總想著要永遠正確，不犯錯誤。
我今天明白了，這叫作「謙遜」。

當我開始真正愛自己，
我不再繼續沉溺於過去，
也不再為明天而憂慮，
現在我只活在一切正在發生的當下，

今天，我活在此時此地，
如此日復一日。
這就叫「完美」。

當我開始真正愛自己，
我明白，我的思慮讓我變得貧乏和病態，
但當我喚起了心靈的力量，
理智就變成了一個重要的夥伴，
這種組合我稱之為「心的智慧」。
我們無須再害怕自己和他人的分歧、矛盾和問題，
因為即使星星有時也會碰在一起，形成新的世界，
今天我明白，這就是「生命」。

轉念肯定句

我無條件地接納自己，我無條件地愛自己。
我好了，我的世界自然一片安好。
我對世界最大的貢獻，就是成為最好的自己。

12 不要害怕別人不高興，你需要拿回自己的力量

轉念故事：如果我辭職，上司會說我忘恩負義

慧慧是一名私立學校的老師，因為一次偶然的影片直播看到我，便非常著急地聯絡我，想預約我和她溝通。原本日程排滿的我，在對方如此急迫與強烈的需求下，擠出一小時的時間與她開始了遠端對話。

慧慧在這家學校工作已經有不少年頭了，因為能力突出，在學校裡備受器重。剛到學校工作的時候，她只有二十出頭，如今她已經是一個兩歲女孩的母親了。

人在不同階段面臨的挑戰和問題是動態變化的，從前加班、熬夜對慧慧來說完全沒有問題，因為一個人的生活怎樣都可以。現在，有了家庭，還有一個兩歲的寶貝，

慧慧的內心和過去的想法、感受都產生了很多不同。每當她加班回家，看到孩子已經入睡了，內心的糾結、自責、歉疚便深深地吞噬著她。在慧慧的心裡，她知道現在的工作已經不再適合當下的自己，想要做出改變卻似乎被什麼卡住了。

慧慧和我分享她的處境，我用心聆聽她的表達，深深感受到她內在的矛盾、糾結，以及對未來的迷惘和困惑。她的表達有時會有些急促，有時又會顫抖，我知道她內心無助、擔心和愧疚……

不過我更想知道，慧慧到底想要什麼？於是，我放慢語速，用柔和的聲音詢問她：「慧慧，那麼，你為什麼這麼著急找我溝通？你想要的結果到底是什麼呢？」

「我想要有自己的空間，想要有時間做自己喜歡的事，想要更好地平衡我的家庭和工作，我的孩子、老公都非常需要我的照顧。我現在工作太忙，完全顧及不了他們。孩子才兩歲，我做教育這麼多年，特別清楚媽媽的陪伴對孩子有多重要，所以我想辭職離開。」

我繼續陪伴慧慧探索：「慧慧，感覺你比較清楚自己想要什麼，那麼今天你想透過對話收穫什麼呢？」

「我蠻清楚自己想要什麼的，但是我內心有很多恐懼。一方面，我怎麼和現在的上司溝通？另外，我想要轉行，在準備一個考試，如果考不過怎麼辦？這對我來說是最後一次考試機會了……」

是啊，**每當我們想要什麼，似乎總會有一些困難與挑戰隨之而來。**

我感受到了慧慧內心的矛盾，她好像是一個被前後拉扯的人，前面是理想的未來，後面則是自己內心的恐懼和擔心。

我進一步陪伴慧慧去梳理，希望她能越來越聚焦於真正想要的東西。於是我繼續問：「那麼慧慧，圍繞今天的一個小時裡你說的這些，你真正想要的是什麼呢？」

「我希望擁有強大的內心，能夠打破過去的限制性信念，對自己接下來要發生的改變充滿信心，能認識到自己內在的力量和可能性。」

說著說著，慧慧的聲音有些顫抖，我好奇地問她怎麼了。

她告訴我在說這些話的時候她感覺自己非常緊張，心跳加速，她也意識到自己內心非常掙扎，因為覺得對不起自己的上司，在道德層面上有很多不安。

在這個時候，她甚至在腦中看到了這樣的畫面——有一個高大的自己站在一邊，伸著手指指責現在的自己：「上司給了你很多機會，你居然要辭職，是不是太對不起人家了？以後在學校的一些重大場合，上司一定會當著大家的面批評你……」就這樣，她看到自己越來越弱小，緊緊地蜷縮在一個黑暗的角落裡。

感受到慧慧內在的掙扎，我邀請她深深地感受自己，連結自己的內在，想想她到底要突破的是什麼？慧慧一下子明白了，她說：**「我要學會真實勇敢地面對自己，並且學會如何去面對別人。」**

有趣的是，在深入探索的過程中，每個人常常會從潛意識的記憶庫中回憶起一些事件，就好像此時的慧慧，她突然回想起自己過去曾經有過類似的經歷。那是在四年前，她也面臨同樣的情況。看起來同樣的挑戰再一次出現了。那麼對於慧慧而言，反覆出現的情況背後真正的禮物是什麼？慧慧透過這反覆出現的事件可以學習和突破的是什麼？

就在回憶起這件事的同時，有趣的事發生了，慧慧的腦子裡一下子浮現出自己十三歲的樣子，我好奇地問她：「這個時候十三歲的慧慧為什麼會突然出現呢？」

「因為那個時候的我，是非常安靜、努力的狀態。那時的我內心是安靜的，知道自己要什麼，於是非常自律。」

「那麼當你看到十三歲的自己，她對今天的你有怎樣的啟示呢？」

「找到內心的力量，安靜地做自己，一點點走出自己的困境，我可以有其他的選擇和可能性。所有的限制都是自己的內在設定的，十三歲的我是充滿智慧的、富有創造力的、對這個世界開放的。」

慧慧和十三歲的自己產生了很多連結，於是我帶著她去看：「如果此時你能再一次擁有十三歲時內心的力量，擁有那份安靜、智慧、創造力、開放性，會發生什麼呢？」

有趣又神奇的變化產生了，慧慧看到一個清零狀態的自己，她看到自己開始安靜地、勤奮地複習考試，篤定地追求自己想要的生活，持續學習和充電，看到有更多的門向自己打開。同時，她還看到了孩子和先生：「如果真的能這樣，我看到我在公園裡陪伴我的孩子，那是一個冬天的場景，我在雪地裡陪孩子玩耍，堆雪人，還帶她盪鞦韆，我還看到我的老公，我們一起打雪仗，他非常滿足，而我也沒有心理負擔，非常放鬆和舒服，我的狀態特別明媚和投入。」

我在電話這頭能明顯感覺到慧慧在分享這個場景的時候，完全沒有之前的緊張、擔心和糾結，而是非常沉靜、放鬆。當她提到「明媚」這個詞的時候，我能深深感受到她對自己的喜歡和愛。於是我進一步邀請她分享「明媚的慧慧是怎樣的」，她開心地和我分享她腦中看到的一切：「那樣的我，工作和生活在自己的掌控之中，內心是強大的，和先生有獨立的空間，每天可以按照自己的計畫運動、閱讀、備課，下班後還能安心地陪伴孩子，週末也有很多時間可以放鬆。」

「那在這個畫面裡的慧慧有怎樣的感覺呢？」

「我感覺非常安心，非常幸福，感覺一切都是值得的。」

我邀請慧慧沉浸在這個畫面中一會兒，充分去體驗這個畫面帶給她的感覺和能量，盡可能看到畫面的每一個細節，她的表情和動作，老公的動作和表情，以及孩子的狀態，並且邀請她將整個畫面儲存在自己的內心深處。

接著，她脫口而出一段我覺得無比美好的文字——**活著到底為了什麼？活在當下，感受並享受生活的美好，不斷地探索未知。**

就這樣，經過對話和探索，慧慧拿回了自己內在的力量，她突破了巨大限制——

「太在意別人的評價」導致優柔寡斷，忘記了什麼對自己最重要。她制定了計畫，安排時間和上司進行一次深度溝通，真實地表達自己的需求以及接下來的規劃。

轉念奇蹟：人生最大的幸福，是能按自己的意願過一生

對於慧慧的經歷，你有哪些共鳴呢？

在我與她對話的時候，我清楚地看到了自己曾經的經歷，也看到了身邊很多人的影子——**我們害怕別人的評價，害怕別人對自己不滿意，擔心別人反對自己的選擇或決定，擔心他們不高興或者不認同。**

尤其是在生命中一些特別的時刻、關鍵的階段，我們一旦意識到自己想要什麼，便會發現不僅自己需要做出很大的改變去獲得想要的人生，同時可能更具挑戰性的，還有相伴而來的身邊重要人士的不贊同。

於是我們開始擔心、彷徨，開始懷疑自己：「我真的可以擁有我想要的改變嗎？我的爸媽、愛人不同意，我的上司會反對，我還能堅持做自己想要做的事嗎？」

我們頭腦中會出現很多不同的聲音，它們交織在一起，讓我們心力交瘁。有一些聲音會讓我們心安，讓我們感受到它們與自己的合一和連結；還有一些聲音會讓我們糾結彷徨，不知所措，不斷讓我們產生內耗，開始評判自己，也不斷產生與他人的分離感，這些聲音讓我們感到恐懼、擔心和不安。

那麼，你要聽從的是哪個聲音呢？

下面是腦與心的對話，大家可以體會一下：

腦說：我為什麼想了那麼多？

心說：因為你一直在判斷。

腦說：我為什麼要判斷？

心說：因為你一直在執著。

腦說：我為什麼要執著？

心說：因為你一直要證明。

腦說：我為什麼要證明？

心說：因為你一直想要正確。
腦說：我為什麼想要正確？
心說：因為你害怕失去。
腦說：我為什麼害怕失去？
心說：因為你害怕孤獨。
腦說：我為什麼害怕孤獨？
心說：因為你害怕沒有愛。
腦說：我為什麼害怕沒有愛？
心說：因為沒有愛，你存在就沒有意義。
腦說：那我如何才能有愛呢？
心說：請你不要問那麼多為什麼，只要和我站在一起就可以了。
腦說：我要如何與你站在一起？
心說：放下你的判斷、執著、證明、正確、害怕失去、害怕孤獨，然後你就能和我在一起了。

腦說：但我控制不了自己呀！

心說：這就是你的執著了。你要相信可以，它就可以。

腦說：我如何做到相信你？

心說：你要先做到相信自己。

腦說：我如何做到相信自己？

心說：接納一切你所不認同的，存在就是合理。

腦說：但我有時還是無法接納呀。

心說：沒有關係，有我在。我會幫助你！

腦說：謝謝你這麼多年陪我。

心說：我告訴自己只要我盡力地去面對—接受—放下—轉身—活在當下，就會做得很好。本來無一物，何處惹塵埃……你會看到你自己的。

美國作家尼爾．唐納．沃許所著的個人成長書籍《與神對話》中有這樣一段文字：**這一生，我們只有跟隨內心而活，才能真正踏上屬於自己的那條獨一無二生命道**

路。你的心知道所有問題的答案。

每當你聆聽心的聲音，你會感覺到平靜、喜悅；而一旦你聆聽了頭腦的喋喋不休，你會感覺到焦慮、不安、煩躁、糾結與恐懼。

然而有趣的是，很多時候我們都被頭腦中的聲音綁架了，我們把它們當作事實。就好像慧慧一樣。在我和她溝通的時候，她根本還沒開始和上司溝通，頭腦中卻已「編造」出了逼真的場景和畫面——上司在很重要的場合評價她，說她忘恩負義……這些都只是慧慧頭腦裡假設的想法，根本不是事實。然而，很多時候我們卻毫無知覺地被這些想法帶著走，把它們當成了現實。

試想一下，如果慧慧沒有這樣一次深度的自我對話和探索，或許她很可能會因為害怕上司對自己的負面評價，繼續在不再適合自己的工作環境中忍耐，從而失去創造自己真正理想生活的機會。

我的另一位學員已經五十歲了，他分享說：「我們從小聽媽媽的話，長大了聽老師的話，現在我已經五十歲，我的媽媽已經去世了，在面對重大選擇的時候，我要聽誰的話呢？」他剛說完，我的眼淚便奪眶而出。

每個人的生命只有這一次，你真正想要的是什麼？你是否敢於為自己真正想要的生活去努力？你是否能夠為了過自己想要的生活而不在意別人對你的看法？如果別人不認可你的做法，你是否還能堅定地走下去？

在很多類似選擇糾結的時刻，糾結痛苦的根源是我們太過在意別人的評價。日本哲學家岸見一郎和作家古賀史健所著的《被討厭的勇氣》一書中說：**「你正因為不想被他人認為自己不好，所以才在意他人的視線。這不是對他人的關心，而是對自己的執著。」**

那麼，我們如何讓自己的內在更有力量，如何放下對他人評價的過度關注，如何真正感受到自己的好？可以試試下面三個步驟。

轉念時刻：一二三，拿回屬於自己的力量

按下一個暫停鍵

在日常的工作和生活中，每當你感覺到自己的內在糾結拉扯時，無論是小事，比

如「晚上到底是回家為家人做飯，還是和朋友聚會」，還是重要選擇，比如「我到底是聽父母的繼續在公司穩定工作，還是開始投入時間去做自己內心很想做的事情」，非常簡單也極其重要的第一步就是為自己按下暫停鍵。暫停自己內在的喋喋不休，暫停無止盡地比較和分析。

很多人說：「啊呀，哪裡停得下來呢？腦子就是轉個不停啊！」是的，的確如此，我也有過太多這樣的經歷。因為這個過程真的讓我們無比消耗，卻不得其解，所以我們最需要的便是從這樣的「困境」中抽身出來。我們可以選擇很多方式為自己按下暫停鍵，比如正念冥想、運動、喝茶讀書、走進大自然散步等，都是非常不錯的選擇。重要的是讓自己的頭腦得以放空，空生妙有，一旦我們可以停下來，進入空的狀態，我們便會生出對自我很深的覺察力和洞見。

問出兩個好問題

當我們的頭腦冷靜了，我們便開始向更大的資源庫敞開自己，那就是我們的生命經歷、我們潛意識中存儲的記憶，以及我們對未來真正的渴望。這個時候，我們就可以透過問自己強而有力的問題來讓自己內在的智慧升起。

好問題一：無論我的選擇是什麼，我最想要的理想未來是什麼模樣？

好問題二：對我來說，什麼是最重要的？

當你回答這兩個問題的時候，你的注意力完全放在自己的身上，並且連結的是內心深處的渴望，拋開對他人評價的關注，脫離眼前的困境。唯有如此，你才能真正聽到自己內心的聲音。

吃下三顆定心丸

回答了上面的問題後，如何讓內心真實的需要在實際生活中落實呢？你需要給自己吃三顆定心丸。

第一顆定心丸：符合我最佳利益的選擇，也一定能讓其他人獲益。

千萬不要以為，犧牲了自己就是對別人的貢獻。你過得好，別人才過得安心。每一次你所做的選擇越符合你的最佳利益，也自然會讓你身邊的每個人受益。

第二顆定心丸：我一定可以找到合適的方式和別人進行良好的溝通。

有很多人認為，如果我的選擇和別人不一樣，那麼溝通就很麻煩，要麼忍氣吞聲，要麼不歡而散。其實，我們還可以有第三種選擇，那就是帶著自己的溝通初心，心平氣和地說話，不帶評判地表達。如果你的決定足夠重要，你一定可以找到恰到好處的方式和重要的人溝通，一次不行就多來幾次，事情總會向好的方向不斷發展。

第三顆定心丸：為了實現我的理想未來，我可以從最簡單的地方開始。

再大的夢想也要從第一步開始。那麼，為了實現你的理想未來，你可以馬上做的第一件事是什麼呢？你打算什麼時候做？就這樣，快速行動起來吧！

轉念肯定句

決定我的生活方式與人生狀態的，
不是其他任何人，而是我自己。
我對世界最大的貢獻，就是成為最好的自己！
我為自己的人生負起百分之百的責任，
我是我生命的創造者！

13 幸福關係的真諦，是用不同視角去看待一段關係

轉念故事：我飛速成長，另一半卻原地不動，該如何是好？

芝蘭是家裡的老大，從小做事有主見，是一個事業心很強的人，畢業後沒有從事大學本科系的工作，而是跨行做了教育培訓。她起初是一家培訓機構的業務專員，從基礎的電話銷售做起，後來和自己的恩師共同創業做培訓平台。在行業裡的持續積累，帶給她的不只是專業的積累，還有系統的營運思維，以及對行業的全面認知。

三十四歲那年，芝蘭有了寶寶，看重孩子教育的她停下主要工作，在家全職養育孩子，同時用很少的時間和精力做一點工作，也能得到不錯的收入。等到女兒三歲上幼兒園，芝蘭意識到自己的內心依然非常享受拚事業的感覺，於是經過朋友推薦，成

功面試成為一家跨國教育培訓機構的中國負責人。

芝蘭在這家機構就職三年，就成功將業績轉虧為盈，團隊也從散漫到凝聚，公司整體營運呈現逐漸上升的態勢。芝蘭在行業裡常常得到眾人的稱讚，收入也讓人滿意，她的自我感覺好極了。

另一邊，芝蘭的丈夫賀民在工作了二十年以後，逐漸對工作失去了熱情和動力，對未來迷惘的他，和一些轉型成功的前輩進行了交流，想看看自己還有怎樣的可能性和機會。雖然別人講得眉飛色舞，賀民卻依然困惑，這樣的交流不僅沒有帶給他希望，反而徒增很多自我批評。賀民也經常外出參加學習，希望嘗試在自己的領域裡繼續深耕，然而這些嘗試和努力並沒有帶給賀民什麼實質性的改變。

賀民似乎陷入了中年危機。

此時事業順風順水的芝蘭，每日回家一看到賀民的狀態，就感覺不對勁。那段時間，賀民很無奈、很無助，芝蘭很失望、很疑惑。他們總是爭吵，平日裡保持的每晚喝茶聊天的好習慣也被丟到了九霄雲外。芝蘭甚至對賀民產生了些許的嫌棄。

這樣的狀況持續了半年時間，昔日和諧幸福的家庭氛圍日漸變得沉悶，雖然每個人都在那裡，彼此卻能感覺到他們之間的斷裂，這個家在彼此眼裡突然變得如此陌生，這樣的日子，芝蘭和賀民都度日如年。

轉機出現在芝蘭的身上。

雖然每日忙碌工作充實快樂，成就感十足，但芝蘭始終放不下賀民。她想要讓賀民振作起來，希望賀民能找回自己的熱情。她也做了努力，可是沒有什麼效果，這不得不讓做教育培訓的芝蘭開始了另一條解決之道——向內探索。她找專業人士為自己做輔導對話，閱讀心靈成長的書籍，打坐冥想……雖然經過一番嘗試，但芝蘭仍無法擺脫深深的無力感。

賀民即將出差去台北，前一天晚上，他早早上床睡了。芝蘭很晚才從茶桌旁起身，她邁著沉重的步子，一點點挪到臥室門口，若不是時間太晚了，芝蘭說不定會一直喝下去，不停地滑手機、追劇。她的內心在逃避，她不想去面對生活中的問題，更不想看到那個讓她不知所措的賀民。

芝蘭站在臥室門口，看到賀民後背朝向自己，睡得很沉，發出緩慢而富有節奏的呼吸聲，天藍色的睡衣伴著賀民的呼吸上下起伏，三角形的檯燈散發著溫暖的黃光。

賀民從來都是特別為家人著想的，檯燈一定是他留給芝蘭照明用的。

芝蘭望著這個男人熟悉的背影，看著溫暖的檯燈，內在升起莫名的悲傷。她走到床邊，緩緩地坐下，頭向右邊一撇，發現一本書《喜悅之道》，於是她輕輕拿起，隨手翻開了一頁，慢慢捧到眼前，看到書上清晰地寫著一行加粗的文字——**當你的內在無法平靜，你需要去看看你有什麼恐懼。當你能直面你的恐懼，你將重回平靜喜悅。**

芝蘭看到這段文字，不自覺地皺了一下眉頭。「恐懼？我哪裡有什麼恐懼？」她內心嘀咕著。不過，她仍然想相信書中所說，去探索看看。芝蘭小心翼翼地在這頁書右下角折了一個小角，然後闔起來放回床頭櫃。接著，她開始在床上盤腿而坐，閉上眼睛。

芝蘭做了幾次深呼吸，隨著每一次深呼吸，她慢慢平靜和放鬆下來。然後，她開始問自己：「如果我有什麼恐懼，那會是什麼呢？」

這個問題一出，難以置信的是，芝蘭的腦海中居然開始自動播放起電影來，她看到的是自己和賀民相識二十年來的一幕幕：她看到賀民總會在出差回來時為自己送上小禮物，他對自己的每個家人都那麼耐心和周到；她看到賀民每天忙碌的身影，他從不抱怨家務煩瑣，還總是早起做飯；她也看到無論自己發生什麼變化，換工作、辭職在家帶孩子，賀民從來都不會提出任何的反對意見，總是默默支持她的一切決定。她突然意識到，自己內心深處最深的恐懼是「沒有依靠」，她害怕賀民不再能成為自己的依靠，她需要獨立承擔生命中的一切。

芝蘭看到了自己的恐懼，更清晰地看到過去二十年賀民為自己和這個家所做的一切，她的眼淚像洩洪的閘門被打開一般，不停地流下來，浸濕了睡衣的整個前身。

不僅如此，在這段自動播放的電影中，芝蘭還留意到，無論生活有怎樣的變動，賀民始終如一，從未改變。反倒是自己在這幾年的成長中，開始變得傲慢，開始從自己的角度對賀民進行評價。此時的她，似乎進入了賀民的身體，深切地感受到賀民的痛苦和無助。芝蘭號啕大哭起來，驚醒了在一旁熟睡的賀民。

賀民轉過身來，揉了揉眼睛，抬起左手輕輕地拍著芝蘭的肩膀，好奇又溫和地詢問：「親愛的，你怎麼了？」

話音剛落，芝蘭哭得更傷心了，像受了莫大委屈的孩子一般：「老公，是我不對，這麼多年，你一直都沒有變，你為我們家付出了很多很多，是我總在挑你的毛病，對不起。老公，我希望你好好的，開開心心的就行。」

賀民立刻坐了起來，他一邊抱住芝蘭，一邊用他的大手撫摸著芝蘭的後背，嘴裡還不停地安慰著：「沒事沒事，老婆，我都知道。」

神奇的轉化就這麼發生了。

第二天賀民按計畫去台北出差。芝蘭的內心特別輕鬆，像放下了一塊巨大的石頭。賀民出差的七天，他們依舊像從前那樣，常常通電話，隨時傳訊息，每晚視訊。

曾有一段時間，賀民出差帶回的禮物，芝蘭一點都不喜歡，那些禮物對芝蘭來說不浪漫、不新奇、沒品味，每次賀民送到芝蘭面前，芝蘭只是看一眼，然後面無表情、平淡無波地說：「謝謝老公。」只是這一次的禮物徹底出乎了芝蘭的意料。

賀民回來的那天，用一個環保紙袋裝著自己挑選的禮物，和從前一樣面帶微笑地交到芝蘭手裡，芝蘭像第一次收到禮物的孩子，快速打開紙袋想要一窺究竟，看到的那一刻，她驚訝極了！居然是自己非常喜歡的台灣歌手的唱片，芝蘭太喜歡這次的禮物了，完全符合自己的心意。

每當芝蘭和我們說起這件事，她總是感慨：「你們真的沒辦法想像，看到禮物時我真的太驚訝了，似乎從我的心改變那一刻開始，整個關係都變得不一樣了。」

轉念奇蹟：境由心轉，幸福從未走遠

有人說，生活就是道場，關係是最好的修練場。

所有不舒服的時刻都是自我修練的最佳時機。

你看不慣的人、事、物，問題不在對方，在自己。

二〇一三年我隻身前往印度學習，那是一段四十五天銘心刻骨的自我成長之旅。猶記得在臨別前一天，印度導師提醒我們：「記住，當你們回到生活中，你們會發現老公老婆沒有變，孩子沒有變，爸媽沒有變，可是你們卻感覺不一樣了，你們會感覺到一切似乎都美好起來了，其實是因為你們的內在世界不一樣了。」

境由心轉，如是。

在關係中，你感覺到痛苦了嗎？

美國恰克．史匹桑諾博士在被譽為關係聖經的著作《會痛的不是愛》中這樣描

述：「如果你陷入痛苦之中，那代表你選擇的是別的事物，而不是愛。愛只能愛，愛無法傷害，會痛的就不是愛。只有恐懼不被愛才會痛，只有我們對愛抗拒才會痛，只有我們不信任愛才會痛。」

因此，會痛的不是愛，是療癒的良機。

愛玩遊戲的老公，花了同樣多的時間操持家務；喜歡嘮叨的老婆，全心全意為家付出；說話簡單直接的老公，待人真誠，沒有心機；喜歡凡事為你做決定的媽媽，承擔了很多責任和風險；一臉嚴肅的爸爸，內心同樣渴望著被愛、被關懷……

日本作家三島由紀夫所創作的《薩德侯爵夫人》中說：

你們看見玫瑰，就說美麗，看見蛇，就說噁心。
你們不知道，這個世界，玫瑰與蛇本是親密的朋友，
到了夜晚，兩者互相轉化，蛇面頰鮮紅，玫瑰鱗片閃閃。
你們看見兔子說可愛，看見獅子說可怕。
你們不知道，暴風雨之夜，牠們是如何流血，如何相愛。

你無法理解的事情，總有一些人覺得理所當然。

不去逃避，越逃避的越重複；不去抗拒，越抗拒的越持續。

世間萬物本無好壞，你怎麼看，便會怎麼感覺。

你看待世界的方式決定了你對世界的回應方式。

凡是讓自己不舒服的、痛苦的，都是能讓我們得到成長和擴展視野的。

最深刻的療癒，都藏在關係裡。

轉念時刻：四個視角換位思考，世界從此大有不同

法國小說家普魯斯特說過，真正的發現之旅不僅在於尋找新的風景，更在於擁有嶄新的視野。

換位思考你一定不陌生。你可能經常聽到另一半說「你換位思考一下，從我的角度考慮考慮」，部門主管也經常提醒我們「不能只從自己的角度考慮問題，也得考慮其他部門的利益」。每個成年人都知道換位思考的重要性，可是從知道到做到，真的

不容易。接下來我將透過四個視角的轉換，來幫助你轉換對人、事、物的看法。每一次視角轉換，你所見的世界就會大有不同。

為了讓大家更直觀地體驗視角轉換的力量，我以一個例子貫穿始終。

小慧是一位單親媽媽，獨自照顧十二歲的女兒小紅。小慧是自由工作者，大多時候在家辦公，最近她工作非常繁忙。女兒下午放學後回家，小慧為孩子做飯。她們一起吃完飯，就各自開始忙碌了。平時都是小紅負責洗晚餐的碗筷，這一天晚上九點了，小紅寫完作業，卻開始在沙發上看起書來。小慧看到時間不早了，放下手頭工作，打算準備第二天的早餐。

一走進廚房，小慧發現水槽裡的碗筷還堆放在那裡，她瞬間感覺到崩潰。一邊嘆氣，一邊洗碗。雖然碗洗完了，但是小慧心裡有很多不舒服，第二天她找我溝通。我就用了視角轉換的方式幫助她從這件事中發現有價值的部分，也支持她更好地和女兒相處。

第一視角：自己的視角

這個視角根本不用練習，我們每時每刻都會自然地從自身出發看待事情。這個視角的本質是「我怎麼看，我認為，我感覺……」。

我問小慧：「這件事讓你感覺如何？你是怎麼想的？你發現了什麼？」

小慧說：「我覺得女兒沒有主動洗碗，故意偷懶。」

第二視角：對方的視角

從第二視角開始，你便會感覺到觀點是如何透過視角的轉換而發生神奇的變化。對方的視角，就是你所處場景中與自己相關的重要一方的視角。舉些例子：你為孩子輔導作業，孩子就是對方；你和上司吵架了，上司就是對方；你和老公觀點不一致，老公就是對方。

要從自己的視角轉換到對方的視角，就好像你真的穿上了對方的鞋子，進入了對方的身體。你的所見、所聞、所思、所感都會發生改變。

對方視角的本質是：假如我是他，我會看到什麼？我會聽到什麼？我的感覺是怎樣的？我是怎麼考慮的？我認為什麼是恰當的？我會採取什麼行動？

我問小慧：「假如你是小紅，你看到了什麼？你的感覺是什麼？你怎麼想的？」

小慧說：「我看到我花了兩個多小時寫完作業，有點累，想放鬆一下，就看會兒書。我完全忘記了要洗碗的事。」

第三視角：攝影機視角

在任何有關係互動的場景中，互動的雙方都會有各自的觀點和思考，怎樣才能更全面、更客觀地看待人、事、物呢？

當我們透過旁觀的攝影機來觀察時，客觀、全面、系統的觀察行為就產生了。

我們可以想像自己是屋頂的一台攝影機（也可以是屋頂本身，或者房間裡抽離在外的任何一個物品，比如吊燈、投影機、牆上的畫、空調等），然後去觀察事情發生的經過。

我問小慧：「如果你是房頂的那盞燈，你看到了什麼？又聽到了什麼？你有哪些發現？」

小慧閉上眼睛大約十秒鐘，接著說：「我看到媽媽和女兒都做了很多事，她們各自忙碌，沒怎麼說話。我還看到媽媽有些疲憊，她一邊嘆氣一邊洗碗，看到女兒非常安靜地躺靠在沙發上看書，很專注。」

第四視角：穿越時間的視角

很多時候我們看待一件事是從當下出發的，這個時間節點讓自己不舒服、不開心，想不通；如果我們可以超越當下，看看過去，或者展望未來，就會完全不一樣了。那感覺就像是一個人從一個黑暗的盒子裡跳出來，一下子看到廣闊的天空。

穿越時間視角是帶著我們在時間線上自由穿梭，從而能洞見智慧。

思考的角度可以是：如果回到過去，在這段關係中，你看到了什麼？有哪些瞬間讓你記憶深刻？如果時間可以去往多年以後，你們的關係最理想的狀態是怎樣的？

小慧聽到這個問題後，思考了一會兒說：「我看到我和女兒的感情非常好，女兒已經很懂事了，她幫了我很多。我看到我們的互動很親密，有很多難忘的時刻，我們一起玩遊戲、遛狗。當我展望未來，我看到女兒長大後，我們依然非常親密，我是她的知心朋友，她還是很願意和我分享她的祕密，遇到困難的時候也願意敞開心扉向我尋求支持。她快樂、健康，是一個自信幸福的孩子，我也越來越能綻放我自己。」

小慧在這個問題的思考中開始滔滔不絕地表達，她繼續補充：「我突然有個發現，我需要和女兒直接溝通，她還小，不像大人那麼會察言觀色，其實她沒有意識到這些問題，我需要溫和地和她溝通，讓她了解我的想法，我也可以和她一起來解決這個問題，共同商量決定。」

這個過程是不是很妙？跨越時間線的視角，常常能帶給我們全新的洞見和啟發。

這四個視角轉換的過程，帶給很多人意想不到的收穫，根本的原因是我們可以透過不一樣的眼睛重新看待人、事、物，而不是自動從自己的單一視角出發。

轉念肯定句

當我改變自己的視角時，
我會發現不同的世界。
透過自己內在觀點的改變，
我會創造我想要的理想世界。
我越能超越自己的視角看待事情，
就越能洞見更高深的智慧。

14 生活有無力感，是因為我們總想改變別人

轉念故事：老公怎麼就這麼難改變呢？

張老師是我非常欣賞的一位女企業家，在個人成長的領域也是我的恩師。在她進入個人成長領域的最初階段，她曾看了暢銷書《與神對話》。這本書帶給她巨大的收穫和啟發，她說閱讀此書的整個過程讓她不僅在思想上茅塞頓開，連身體都有一種通透過癮的感覺。後來她經過查詢，發現這本書在全球暢銷上千萬冊，被翻譯成三十七種語言，更是增加了她把這本書推薦給老公的信心。

出乎意料的是，當張老師熱情滿滿地把書送到老公面前，讚不絕口地推薦時，老公根本不搭理她。但這並沒有讓張老師打退堂鼓，一向做事有毅力的張老師沒有放

棄，接下來的日子裡，她有事沒事、想方設法地向老公推薦這本書，比如：溫柔地勸說，分享其他有影響力人士的書評，找機會讀一段給老公聽，還直接把書擺在老公的桌上……張老師是真沒少花心思。就這樣，張老師堅持了一年。但是，這一年中她老公從沒看過這本書，連翻都不翻。

她百思不得其解，老公明明很愛看書，為什麼卻將這麼好的書拒之門外？老公有很多事情想不通，這本書正好可以幫到他，他怎麼就軟硬不吃呢？終於，張老師無奈之下放棄了，她在內心常常暗自嘀咕：「我的老公怎麼就這麼難改變呢？」

事情到這裡並沒有結束。又過了一年，有一天張老師在家裡打掃房間，她老公突然興奮地回家說：「老婆，我這裡有一本非常好的書，我看了，真的很棒，你看看吧？」張老師低頭一看，差點沒氣暈，這居然就是自己花了一年推薦的那本書！

轉念奇蹟：沒有人可以被改變，除非他自己想改變

這個故事你是不是非常熟悉呢？其實，這樣的故事幾乎每天都在發生，發生在你

和其他人之間，尤其是和你非常親近、非常熟悉的人之間，比如你的孩子、愛人、好友、下屬。對於熱愛成長的人來說，想要改變別人的心念和行為，更是持續不斷。

那麼在「改變」的背後，究竟發生了什麼？為什麼我們想要改變自己？為什麼我們想要改變別人？你覺得當人們有哪些信念或假設時，會產生「改變」的想法呢？

第一個維度：想要改變自己。

假如你有以下信念或假設——

覺得自己不夠好。

不喜歡現在的自己。

看到別人比自己好，想要追趕。

有自己欣賞或仰慕的對象，想要成為他的樣子。

發現未來的機會需要改變現狀才有抓住的可能。

希望實現一個新的目標或期望。

你會努力做很多以前不會做或做得不夠好的事，開始改變自己。

第二個維度：想要改變別人。

假如你有以下信念或假設——

你發現對方成長的速度不及你快。

對方已不是曾經你欣賞或仰慕的他。

對方沒有按照你想要的狀態生活。

你看到同樣的關係裡，別人的他比你的他更好。

對方和你做事的標準不同。

在你眼裡對方在過去和現在有不同表現。

你會常常透過語言敦促、旁敲側擊、比較、行為促進等多種方式促使別人改變。

這些隱藏在我們內心深處的假設，讓「需要改變」的聲音在我們心中反覆出現。不同的是，當你自己想要改變時，你的變化常常很快會產生。然而，假如這改變之心是為他人而生的，也就是你認為別人應該改變、需要改變，你想改變其他人，結果卻常常令你沮喪。

這是為什麼呢？因為**沒有一個人可以被別人改變，除非他自己想要改變**。

這句話你一定覺得很熟悉，甚至你會常常告訴別人「你是改變不了他的」。可是我們就是在樂此不疲地玩著試圖改變他人卻屢試屢敗、屢敗屢試的遊戲。很多時候我們並不知道，自己已經走進了一個死胡同。

那麼，「改變」到底是如何發生的呢？假如改變能夠發生，需要具備哪些必要的條件呢？那些看起來「被你改變」的人，到底是如何被改變的呢？

轉念時刻：四個要素讓改變發生

每個人的一生會遇到很多時刻，在那個點改變就發生了。

當我們回頭去看那些改變的時候，無論它們發生在自己身上，還是發生在他人身上，我們會發現，「改變」的發生都具備了一些重要的元素。

有一個頗具影響力的公式將促成改變的重要元素結合在一起，這個公式就是美國的理查．貝克哈德（Richard Beckhard）與大衛．格雷徹（David Gleicher）提出之描述組織變革條件的變革平衡公式（Formula For Change），也可稱為變革公式、變革模型等。這個公式道出了改變的本質，不僅指代社會、國家、企業層面的重大變革，也包括我們每個普通人發生的改變。我們就稱它為「改變公式」吧。

改變公式：$D \times V \times FS > RC$。其中，D = dissatisfaction，V = vision，FS = first steps，RC = resistance to change。

也就是：對現狀的不滿×對未來的願景×第一步實踐>改變的阻力。

改變公式說明了發生在個人思想、家庭、組織、國家等方面的真正轉變，需要包括三個必要因素，即對現狀的不滿、對未來的願景、第一步實踐。為了改變的持續性，上述三者的乘積必須大於改變的阻力。非常重要的是，三個必要因素之間是相乘的關係，假如其中任何一項不存在，真正的轉變就不會發生。

大家可以回憶一下那些在你身邊發生的改變，它們是不是都具備了這些因素？或者那些你期待他人發生卻未發生的改變，是因為缺少了哪一項或幾項嗎？在這裡，我想請你特別留意那些你想要讓別人發生的改變。

我們分別來看看這些因素——

改變要素一：對現狀的不滿

我清楚地記得二〇一三年我去印度學習的第一天，指導老師問所有學員：「你們誰感受到自己在受苦？請舉手。」幾乎所有人都舉起手來，大家相視而笑。

然後老師說了這樣一段話：「恭喜你們，你們都感受到自己在受苦，同時你們承認它，並且希望改變，希望自己脫離苦難，所以今天你們來到這裡。而如今在我們的身邊，不同的人會有不同的反應。假如你問一些人：『你覺得自己在受苦嗎？』有的人會回答：『沒有啊，我覺得我並沒有在受苦啊，我覺得自己過得很好啊。』也有的人會這樣說：『受苦？這難道不是很正常的事情嗎？人人都在受苦啊，不用大驚小怪的吧？』」

接下來老師解釋了人們會遭受的不同層面的苦：有來自身體層面的痛苦，比如疾病、不同部位的疼痛；有情感層面的痛苦，比如關係中的矛盾、不和諧、彼此傷害；還有來自精神層面的痛苦，也就是現在很多人痛苦的來源——不知道自己為什麼在現在所處的境遇中，不知道自己為何而活著，不知道自己存在的意義是什麼，生命的方向在哪裡。

這讓我想到假如一個人想要改變，的確常常是因為他對現在的自己或境況不滿，這通常會是改變發生的第一個跡象，或者說是促發因素。因此，假如你想讓你的孩子、愛人改變，請仔細去感受和觀察，是他們對自己或目前的境況感到不滿意，還是你對他們的現狀感到不滿意？對方抗拒被我們改變，是因為他們會感覺到我們對他們的評判、指責，說到底，是因為「我們」感覺「他們有問題」或「他們不夠好」。

想想看，有哪個人會喜歡被安上「有問題」或「不夠好」的標籤呢？

改變要素二：對未來的願景

很多人會因為對現狀不滿而想要改變，卻沒有真正改變什麼，其中的一個原因可能是他們並不知道該去往哪裡。他們可能的自我對話是：「我真的很想改變，我不想再像現在這樣過日子，可是我能去哪兒呢？我能變成什麼樣呢？……」

當人們不能看到自己未來理想的樣子時，他們常常沒有動力前進和突破。假如未來理想狀態的自己足夠清晰可見，清晰得好像是一幅畫或一部電影時，那畫面就會極大地驅動他們向全新的未來邁進。

「未來的願景」常常來自你所欣賞的人，他們做到了你想做但還沒做到的事，你可以清楚地看到他們已經活出了你希望的狀態，他們的狀態就好像是你的未來一樣。

所以，花點時間和自己待在一起，問問自己：假如三年後，你可以活出最理想的狀態，那個時候你會在哪裡，在做什麼？你會和誰在一起？你會有怎樣的感覺？在這些問題提出之後，請靜靜地等待片刻，你會看到一些畫面，擁有一些感覺，請用文字、圖像把它們記錄下來吧。

改變要素三：第一步實踐

你也許會看到有一些人深深地感受到自己對現狀的不滿，因為他們常在抱怨，他們也常提及希望能夠成為什麼樣的人。

可是這個過程好像只是在持續，卻並不會真的發生什麼。問題出在哪裡呢？很關鍵的一點是人們是不是為了改變現狀、為了想要的未來開始了第一步行動。如果一切只停留在語言的層面，那什麼都不會發生。在這個時代無論你想要什麼，請一定做個「行動派」，而不是「空想家」。

即使邁出再小的一步，都是對未來自己的貢獻。

想想看，為了活出理想的人生，在這個當下，你能邁出的一小步改變是什麼？你能做出的第一個行動是什麼？你可以從哪裡開始？

改變要素四：抵抗「改變的阻力」

任何一件事的發生，都會存在阻力。在改變發生的周圍，最常見的阻力常來自家人的不理解和反對、周圍人的固定思維模式、自己舊有習慣的拉扯、自己的惰性、所處環境的限制、內在缺乏自信等，如果想要找阻力，一定可以找到一大堆。那麼，怎麼應對呢？

如果你真的想要改變，最重要的是讓改變公式的前三項要素不斷增強，特別是不斷去看、去感受自己未來理想的狀態，並且每一天都為了未來去行動，不斷嘗試和冒險，不斷獲得小小成功，長期堅持下去。當這份力量足夠強大時，所謂的阻力就會顯得微不足道，那份力量會化作內心深深的篤定和相信，你所期待的未來也會離你越來越近。

拿回自己的力量，放下試圖改變別人的心

很多已婚人士會花很長時間去糾正另一半的生活習慣，很多父母也會花很大力氣去糾正孩子的行為習慣。當我們真正理解了改變公式的智慧，便能領悟若要讓別人發生改變，真正奏效的反而是改變自己，把注意力從盯著別人轉移到自己身上來。

一位爸爸在我的親子教育工作坊結束時大步快走靠近我，邊走邊用右手招呼我：「老師，我有個問題想向你諮詢一下！我想讓我的孩子愛看書，讀書是個很重要的習慣啊，有什麼方法嗎？」我幾乎沒有經過任何思考下意識地回覆他：「您和愛人平時愛看書嗎？」這位爸爸馬上低下頭，像個被人揭穿把戲的小男孩，右手尷尬地撓著後

腦勺：「我……我看不進去啊。」

印度民族解放運動的領導人聖雄甘地說：「**Be the change you want to see in the world.**」（**欲變世界，先變其身。**）

如果你想要看到別人的改變，先問問自己：「我做到了嗎？」請相信我，當你可以做到你希望看到的改變時，你的生命將充滿掌控感，你會感受到力量和自信；你的內在會無比自在與豐盈，你身邊的人們自然會對你充滿好奇，他們會想要靠近你，潛移默化地被你影響，並不由自主地開始做些不一樣的事情。

最終你會發現，**你想要的世界不是別人為你打造的，你不需要把期望寄託於其他人，而是可以經由你自己來創造！**

這個世界上所有的改變，本質上都是這樣發生的。

每個人的生命都如此獨特，每個生命都有他自己的節奏。

就像孩子那樣充滿好奇吧！瞪大你的眼睛，一邊做出你想要看到的改變，一邊靜待那些出現在你身邊的生命，他們按照自己的節奏去經歷、去蛻變、去綻放！

轉念肯定句

我可以經由改變自己來改變世界。

欲變世界，先變其身。

改變不僅是可能的，而且一定會發生。

15 你的地圖，不是孩子的疆域

轉念故事：媽媽，我和你想的不一樣

人與人最好的相處方式是什麼？

我們如何看待人與人的不同？

如何最有效地支持他人成為最好的自己？

女兒快三歲時的一個冬天，晚飯後，我和她在臥室的書桌上一起玩塗色書。書上畫著一棵聖誕樹，上面除了有一大串彩燈，其餘都是空白的。

女兒開始塗色，我留意到書上有一段對家長的提示：「不要干擾孩子選色，讓她自己選擇。」女兒選了綠色，不一會兒她就塗完了整棵聖誕樹。

接下來要開始貼貼紙，書上的貼紙也是聖誕節主題的，有各種聖誕樹上的禮物和小星星，可以用來裝飾聖誕樹。禮物貼紙有紅色球、七彩拐杖糖、銀色禮物盒等。

大概過了三分鐘，我發現女兒已經把幾種禮物貼紙都貼在了聖誕樹的同一個位置，看上去很擁擠，其他部分卻空空的。盯著禮物分布極其不均勻的聖誕樹，我一邊看，一邊感受著自己內心的不滿意。

原本想嘗試放手的我，經過幾分鐘的掙扎之後，還是沒忍住，開始提示女兒：「寶貝，你看樹很大，是不是可以把這些禮物貼紙貼得分散些呢？讓樹到處都漂漂亮亮的。」

聽我說完，女兒立刻伸出右手，火速將一雙紅色襪子貼在了「別處」——聖誕樹的上方。接下來有三顆黃色的小星星貼紙，女兒依舊不假思索地把它們貼在了禮物貼紙的旁邊，看起來很密集，基本在一條線上。

我忍不住再次提示：「你看，它們都堆到一起了，太擠了，其他地方都空空的，這也不好看啊，我們還是分散點吧？」女兒就好像沒聽見我說的話一樣，愣是堅持貼完了剩下的小星星，而且還把兩顆貼在了聖誕樹的外面。

貼完，她故作認真又有點小憤怒地對我說：「媽媽，我和你想的不一樣！我要把它們貼在一起，它們是好朋友！」

聽完女兒的回答，我有些慚愧，也感覺自己有點可笑。我根本不知道、也沒有想到女兒是這麼想的。

作為看起來考慮周到的媽媽，我只是想到美觀，可是女兒看到了更多，看到了我看不到的東西，看到了這些小東西之間的感情和連結，這些貼紙在她手裡不只是玩具，更是夥伴和朋友。

貼完了全部的貼紙，女兒開心地把書拿在手裡，請我為她拍照紀念。她的小臉粉嘟嘟的，真可愛。女兒雙手捧著的聖誕樹，看上去是那麼獨特又閃閃發光，上面的每一個貼紙似乎都在對著我們微笑。

女兒入睡後，我躺在床上輾轉反側。我深深覺察到作為母親的我是那麼想要掌控，女兒的想法真的完全出乎我的意料。

我覺察到自己想要讓女兒和自己一樣的執念，非要拿自己的標準去要求孩子。

轉念奇蹟：每個行爲背後都有正面的動機

沒有兩個人擁有完全一樣的想法

在過往的生命中，有哪些時候我們用了同樣的方式對待別人？是我們的愛人、我們的下屬，還是我們的父母？

我們是怎樣「強迫」眼前這獨特的生命一定要按照我們的節奏和選擇，去走屬於他自己的人生旅程的？

沒有兩個人長著一模一樣的大腦，沒有兩個人會對同一件事有完全一致的想法。這恰恰是生命本源獨特又美妙的地方，不是嗎？

你的地圖，不是別人的疆域

世界上的每一個生命都有其獨特的生活和存在方式，每個人都有獨特的使命要去完成。我不是你，我永遠無法完全讀懂你的內心世界，我無法去判斷，去臆測。我們所能做的，就是充滿好奇，保有那份對生命深深的敬畏和尊重，在內心深處深深地相信，每個人都有自己的生命軌跡，每個人都會在當下選擇最適合自己的道路，並在心中深深地祝福他。

請讓對方把話說完

人與人之間之所以會產生衝突矛盾，很多時候就是因為沒有等對方把話說完，我們就開始打斷，用自己過去的經驗妄加評判，又或者指手畫腳地給出自以為正確的建議和指點。沒有人喜歡被打斷，沒有人喜歡被評判，每個人都渴望被聆聽。

每一次當我們打斷別人，就把不尊重、不耐煩、不喜歡傳遞了出去；每一次當我們妄加評判，就把高高在上、好為人師傳遞了出去。

每一次當我們耐心聆聽，就讓對方感受到了關愛、信任和尊重；每一次當我們敞開聆聽，就會讓對方真實表達、深度思考。

透過聆聽，我們得以更理解對方；透過聆聽，我們得以更靠近彼此；透過聆聽，我們才能共赴遠方。

身為父母，出於對孩子的愛和擔心，我們都希望讓孩子避免痛苦，減少犯錯、走彎路的可能，我們總想為孩子做得更多。

但是，真正的成長是怎麼來的呢？我們過去的經驗在比我們年幼二十年、三十年的孩子身上還會奏效嗎？

孩子只有自己經歷了痛苦，才會切身體會到什麼是幸福；只有摔倒過，才知道如何站起來，並體會到站立是多麼有力量；只有被人取笑過，才明白這世上收穫自信的方法唯有認可自己。即使聽起來荒謬的觀點，都有孩子自己的考量；即使看起來錯誤的行為，都有孩子正面的動機。

我輔導過的一位女性創業者，和老公一起開公司，因為工作太過繁忙，他們對孩子的關注和照顧很少。孩子平時在學校發生了什麼，身為父母的他們無暇顧及。

有一學期，孩子的數學考得特別差，分數低到讓老師驚訝，只有十七分。按照孩子日常的水準，考試成績一般都在八十分上下。老師無法理解，於是打電話給孩子的父母，請他們到學校進行溝通。

他們和老師溝通完回到家，把孩子叫到身邊開始了解情況：「兒子，這次考試怎麼回事，怎麼分數這麼低呀？這可不是你的正常水準啊。」

兒子低著頭，什麼都不肯說。媽媽感覺到了一些異樣，就耐著性子等待孩子回答。那天媽媽格外有耐心，這讓兒子有些意外。看到媽媽沒有發火、沒有指責，他才慢慢抬起頭：「媽媽，因為你們太忙了，我已經很久沒有見到你和爸爸了，如果不是我考這麼差，我還是見不到你們啊！」

兒子說完就號啕大哭。媽媽聽罷也忍不住哭起來，她抱住兒子，撫摸著兒子顫抖的後背，一遍遍地重複著：「對不起，兒子，真的對不起，爸爸媽媽最近太忙了。媽媽一定注意。媽媽愛你，寶貝兒子。」

十七分，一個低到讓人質疑的分數，可是這背後隱藏的卻是一個孩子對父母關注的渴望，對父母的愛的呼喚。

黎巴嫩詩人紀伯倫曾寫過一首關於孩子的詩〈論子女〉[3]，道出了兒女與父母關係的真諦，每每誦讀都讓人醍醐灌頂。

3 本詩節選自中信出版集團出版的《先知》一書。

論子女／紀伯倫

你們的孩子，其實不是你們的孩子，
他們是生命對於自身渴望而誕生的孩子。
他們借助你們來到這世界，
卻並非因你們而來。

你們能給予孩子你們的愛，
而不是輸入你們的思想。
因為他們有自己的思想。
你們有能力為他們的軀體營造住所，
而他們的靈魂卻不會寄宿在那裡面。
因為那靈魂居住在「明日」的宅第，
你們既不能造訪，也不能在夢中找到。
你們可以努力地去模仿他們，

但是，想讓他們像你們，卻是枉然，
因為生命不會倒行，
也不喜歡在「昨日」的居所裡駐足。

你們是弓，
你們的孩子是由你們的弓射出的「生命」箭矢。
那射手瞄準了立於無盡之路上的目標，
用盡全力拉滿了弓，
使箭矢飛得更快、射得更遠。
為此，就讓你們，聰穎的射手手中彎曲的弓，
去成全一種喜悅、一種歡快。
因為那射手既愛射出的箭，
也愛手中的弓。

成為孩子穩定的弓，無論何時，無論發生什麼，帶著愛、信任、尊重，待在孩子身邊，這是對孩子最大的支持。

轉念時刻：改善關係、建立連結的3F聆聽

怎樣與孩子、伴侶進行良好的溝通呢？積極聆聽是溝通中最重要的一環。學會閉嘴，學會聆聽，再固執的孩子都會敞開心扉。

3F聆聽，是我非常喜歡的聆聽方法。經過一段時間的刻意練習，我們的聆聽能力會得到巨大提升，溝通有效性會得到明顯改善，更重要的是對方會感受到被聆聽的幸福、被尊重的感動，就會一下子與我們親近起來，對我們產生深度的信任和連結。

3F聆聽指的是聆聽的三個層次（見圖 15–1），從淺到深。

第一層次：Fact（聽事實）

聽事實代表著聽到對方具體說了什麼，是收集訊息的過程。聆聽的過程需要專

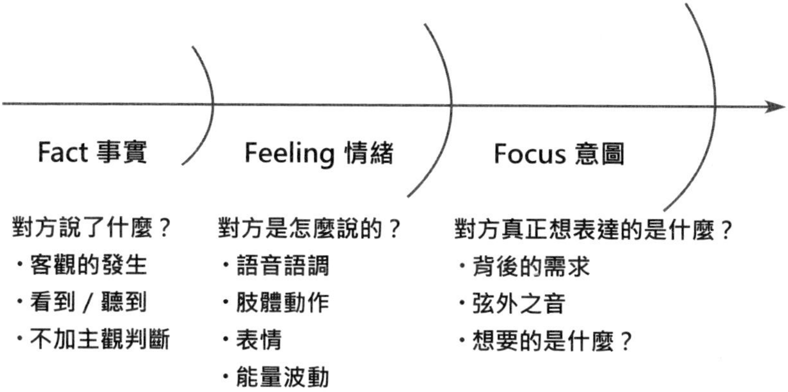
Fact 事實
Feeling 情緒
Focus 意圖
對方說了什麼？
・客觀的發生
・看到／聽到
・不加主觀判斷
對方是怎麼說的？
・語音語調
・肢體動作
・表情
・能量波動
對方真正想表達的是什麼？
・背後的需求
・弦外之音
・想要的是什麼？

圖 15-1　聆聽的三個層次

注，帶著好奇心去聽，自己的嘴巴大多時候是關閉的，這樣才能聽到對方表達了什麼。在這個過程中，作為聆聽者，我們就像答錄機一樣，要把對方表達的訊息都錄下來。

需要注意的是，在這個過程中，對於聆聽的我們而言，最重要也是最具挑戰性的，莫過於放下自己過往已知的經驗，放下自己對對方的評判，放下自己的「認為」，放下「事情一定要按照自己認為的發展」的執著，遠離「下載式聆聽」。唯有如此，我們才能夠做到真正安靜不打斷地聆聽。

第二層次：Feeling（聽情緒）

當我們開始放下想要表達的欲望，閉嘴

聆聽的時候，我們的內心也會逐漸安定下來，此時就很容易聽出對方表達訊息的時候語氣如何，聲調有什麼變化，對方是怎麼表達訊息的。同樣的四個字「你吃了嗎」，用不同的聲調表達時，完全可以讓人感受到不同的情緒能量。情緒可能是平靜的、開心的、憤怒的、悲傷的、沮喪的……

假如我們不僅聽到對方說了什麼，還能感受到對方的情緒，就會更容易走進對方的內心世界，產生同理心。

每一種情緒的背後都傳遞著一份需求。悲傷可能是失去了重要的東西，生氣或許是自己看重的東西被別人占有。我們越能聽到對方的情緒，就會越懂得對方。

在聽情緒的時候，作為聆聽的一方，我們需要把自己整個人打開來聽，關注對方的肢體動作、面部表情、聲調起伏，包括他在強調什麼關鍵字等，這樣我們就很容易感知對方的情緒。

第三層次：Focus（聽意圖／需求）

當聆聽足夠專注、深入，我們甚至會超越對方的情緒，聽到對方真正想表達的是什麼，他的意圖和需求到底是什麼；他說的訊息背後想傳遞哪些更深的訊息；所有的表達背後，他想要成為一個怎樣的人；等等。就是聽到「弦外之音、言外之意」。

聽到這個層次不太容易，但如果我們經常練習聆聽，就會越來越容易達到這個境界。對方會感覺我們太懂他了，雙方的關係會立刻升溫。

聆聽說起來簡單，想做到並不容易。

但是，聆聽是我們生而為人最重要的一項能力。

人與人之間信任是基礎，沒有信任，很多事情都無法推進。可以說，每次溝通都是我們與他人建立信任的良機，而積極聆聽會加速信任的建立。這絕對是一項值得用一生去刻意練習的重要能力。

每次溝通聆聽時，都請在心裡默讀這句話——

當你來到我的面前，你就是此刻這個世界上對我唯一重要的那個人。

轉念肯定句

我尊重每個人的觀點。

每個人都渴望被聆聽，我也不例外。

我給別人做自己的自由，

藉此我也可以做自己。

第四篇

大大的夢想，小小的行動，一步一步往前走

16 撬動改變的支點，創造生命的豐盛

轉念故事：忙於拚事業，和孩子的關係沒救了

做培訓的第十個年頭，我很幸運地與一家大型的生產製造型企業合作，為他們的高管團隊做領導力發展的培訓。拿到高管團隊名單的時候，我仔細查閱，發現男士居多，有八成年紀在四十歲以上，其中有五位超過五十歲。

從電話訪談到培訓實施，和這些高管在一起，彼此都變得越來越放得開，後續的五個月跟進輔導，更增加了很多機會讓我看到這些表面嚴肅、內心鮮活可愛的高管們真實的生活狀態。

Jacky是負責銷售的資深副總裁，擁有業務人的幹練和雷厲作風，二十二歲剛畢業

便跟隨如今的企業負責人，從上一家企業一路打拚到現在，如今帶領三十人的銷售團隊，已經五十二歲了。聽他們分享過去創業的故事，我彷彿可以看到那些意氣風發的少年，如何一點點打拚成為企業的骨幹精英，又是如何一步步走上企業高管的位置，到此刻肩負傳承和發展後輩力量的重任。一個人的三十年啊，最珍貴的黃金歲月，無比美好的青春年華。

從培訓到跟進的五個多月，我每次都會被 Jacky 凌亂的花白頭髮吸引，那頭髮就像被路過的小鳥叨過幾下似的。他喜歡穿白底小黑方格的襯衫，有時還會在襯衫外面搭配一件深灰色的背心。上課的時候，Jacky 打破了過往我對企業大齡男性高管的偏見，他格外投入和認真，常常靜默地思考和記錄，也常常舉手爭取分享機會，時隔多年，我依然清晰地記得他用溫和的語氣講出那句引起所有人鼓掌的話——「我們不能用相同的自己，去面對不同的未來。」

培訓結束的時候，他邁著輕快卻堅定的步伐走向我，襯衫上的小黑格漸漸地清晰起來。「這次培訓為我帶來的觸動實在太大了，我從來沒有如此客觀地審視過自己的生活。」

在這個項目中，除了培訓外，每位高管還配有一位專屬的教練，我是Jacky的教練。我們開啟第一次對話的時候，系統盤點了他生命的整體狀態，他驚訝地發現，他的生命中似乎除了工作，其他部分都嚴重缺失。他和妻子的關係平淡如水，身體方面血脂、血壓多項指標出現預警，娛樂放鬆對他來說想都不要想……他被自己的評估結果嚇到了。

他經常在一對一溝通時感慨：「這個培訓如果能在我年輕的時候就遇到該多好！我的孩子已經十八歲了，他最需要我這個爸爸的時候，我完全投身在事業裡打拚，現在，我們基本上沒辦法溝通，他聽不進去我講話，我也對他的很多想法、做法不認同。但是這次培訓讓我意識到，即使現在去改變我們的父子關係非常難，我也仍然想努力看看。我還想多陪陪我的太太，她跟了我一輩子，真的太辛苦了，我該多抽些時間和她在一起。」

Jacky的表情有些凝重，語氣裡充滿了篤定。他望向窗外，眼神裡透露著一些迷惘，像被打散的沙粒，找不到聚焦的中心，又好像在望向很遠的地方，我想那裡定是他心中所想吧！

在跟進輔導的五個月裡，Jacky 持續踐行著自己的承諾，最初和孩子嘗試的三次溝通，都以失敗告終，孩子要麼閉口不談，要麼起身走人，Jacky 想要努力改善關係的心碎了一地，尷尬至極。不過他沒有放棄，終於在第四次，在孩子真切感受到爸爸溝通的誠意的時候，他們開始聊天了。就這樣，狀況越來越好，他們慢慢可以一起看電視，一起跟隨姐姐彈吉他唱歌。Jacky 向我分享現場的影片，一家人其樂融融的場面真讓人覺得溫暖又感動。

Jacky 每週都會和妻子看一場電影，有時在家裡，有時去電影院，而且電影的選擇妻子說了算（這是 Jacky 在結業時親口告訴我們的，雖然聽上去有些無奈，貌似很多電影他毫無興趣，但是他由內而外透露著滿足和幸福）。就這樣一週一週過去，Jacky 和妻子的關係也有了很大的改善，有心的 Jacky 居然把所有的電影票都留了下來，作為證據給全班同學看。這真是個有趣有愛又勇敢堅定的男人！

當 Jacky 開始關注生命中需要改變的部分，並付諸努力後，他整個人都變得鮮活起來，他和團隊的溝通方式也變得更加柔和。和團隊工作時，他一改過去只談業績和結果的作風，開始鼓勵夥伴們照顧好自己的身體，關注對家人的陪伴。

美好的改變就這麼發生了，並且像水面上的漣漪般持續地擴散開來……

轉念奇蹟：找到撬動點，生命從此發生改變

古希臘哲學家、物理學家阿基米德曾經說過：「給我一個支點，我就能撬起整個地球。」

在眾多的工作任務中，哪個先完成會對整體工作安排發揮至關重要的作用？一年的所有目標裡，哪個目標完成了對你來說是非常有成就感的？孩子關於學習、生活的哪個方面一旦有改善，孩子的整個狀態就會完全不同？團隊有很多問題需要解決，哪個問題解決了，其他問題也會迎刃而解？

所有這些問題的答案，都指向那個關鍵的撬動點。找到撬動點，把握要害，可以事半功倍。

Jacky 的職業生涯已經到達了最後的傳承階段，他透過對生命現狀的覺察，到了下一個生命階段的重心——關係，並對此投入更多時間和精力。他不僅在生活中創造出

幸福，也將這樣的系統思維傳遞給了整個團隊，帶動團隊夥伴在工作和生活中都發生了積極的改變。

隨著「高效成長」的訴求越來越強，「時間不夠用」應該是當代人最常抱怨的生活現象了。高效成長需要的不是只關注成長領域的某一個維度，不是只關注一個點就開始蠻力深耕，而是關注到學習領域整個成長系統，看看這個成長系統由哪些部分組成，各個部分彼此之間的關係是怎樣的，看看成長系統的各部分中哪個是核心的撬動點，哪個部分成長了，就能支持我們整體的成長。

請深深相信，我們值得擁有平衡豐盛的人生。

那麼，在當下的生命中，什麼是你的那個支點呢？

轉念時刻：讓平衡豐盛的生命之輪轉動起來

大腦是用來思考的，不是用來記憶的。你需要釋放大腦的空間，利用下面即將談到的工具——生命平衡輪，將自己的成長視覺化、系統化地呈現在眼前，找到成長的撬動點，讓成長滾動起來。

生命平衡輪是著名的美國領導學大師保羅．麥爾創造出來的視覺化工具，被渴望成長的人廣泛應用，它能幫助我們做出不同的選擇，決定將時間和精力集中在哪裡，以獲得更加滿意的生命狀態。

之所以稱為「輪」，因為車輪本身就是一個強大而古老的象徵，它意味著運動、生命的循環和變化，引導我們進行生命的平衡、維持。車輪是圓形的，也寓意生命的圓滿豐盛。在各種形狀裡，圓形轉動也是最順滑、最快速的，意味著當我們能平衡兼顧生命的各個方面，生命的運作也會更協調高效。

我們去觀察生命平衡輪，便會擁有一個直升機的視角，可以俯瞰自己對生命各方面現狀的滿意程度，比如人際關係、職涯發展等，讓你能夠親眼看到自己當下哪些方面感覺良好，哪些方面需要調整。

保羅．麥爾訪談與研究了很多既成功又有高幸福感的人士，詢問他們生命中最重要的是什麼，最後總結出來八個重要組成部分，分別是：職涯發展、個人成長、自我實現、身心健康、休閒娛樂、家庭關係、社交朋友、財務管理。

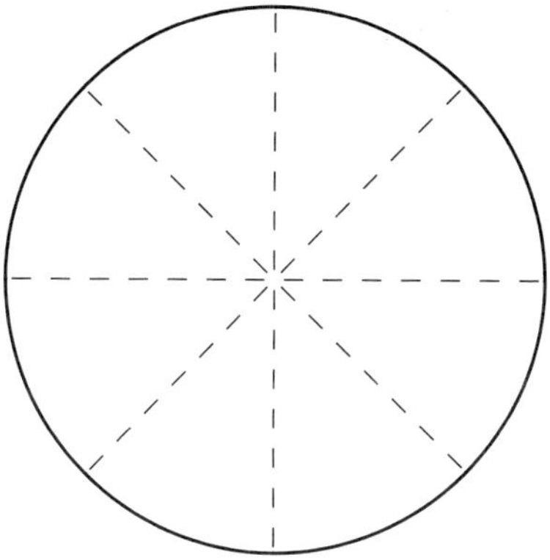

圖 16-1　空白的生命平衡輪

有很多人在此應用場景下，形象地將生命平衡輪稱為「生命之花」。

現在請跟隨我一起來繪製屬於自己的生命平衡輪：

需要的物品：A4白紙，彩色筆。

第一步，取用一張A4白紙，在白紙的中央畫一個大大的圓形，盡量占滿紙面的中央，然後將它平均分成八等分，就像一個披薩，如圖16–1所示。

第二步，標記生命組成（見圖16–2）。

想想看，對你來說生命中最重要的組成部分有哪些，將它們分別標記在輪子的外

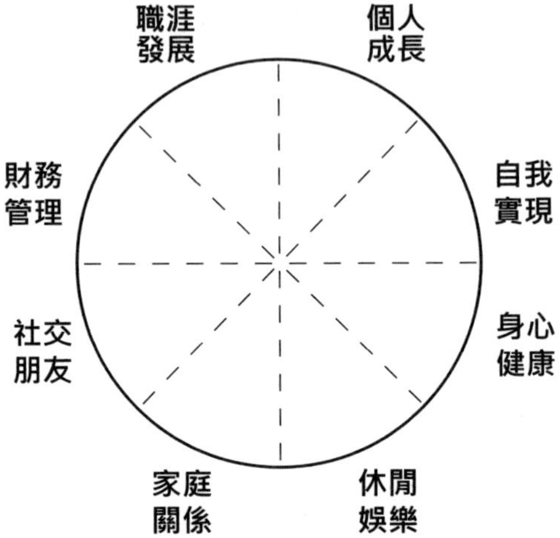

圖 16-2　標記生命組成

側。你可以參照圖16–2中所示的生命平衡輪的組成部分，也可以個性化地填上你認為重要的部分。

在進行標記的時候，你可以選擇不同顏色的彩色筆來代表不同的組成部分，比如很多人想到身體健康就會感覺是活力、生命力的代表，喜歡用綠色。

第三步，評估現狀。

接下來請你為每個部分的現狀滿意度打分數（見圖16–3）。

看看你對每個部分的滿意度如何。十分代表非常滿意，一分代表最不滿意。輪子的外緣代表十分，輪子的中

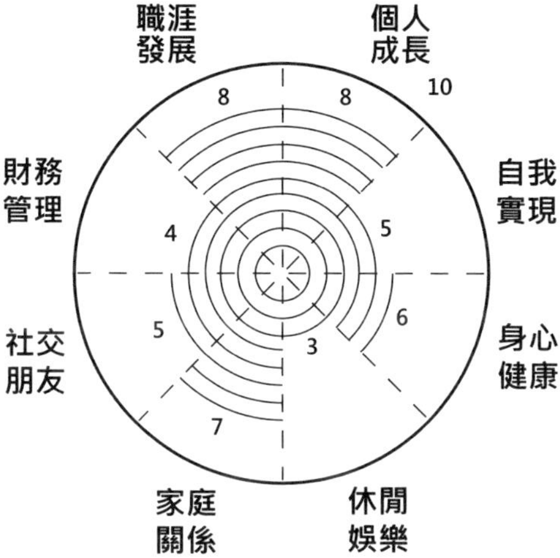

圖 16-3　為現狀滿意度打分數

心代表一分，你可以想像輪子的每一條半徑都是一條刻度尺，上面標示著滿意度的刻度。

第四步，思考與發現。

打完分數後，會有很多發現。你可以把紙從桌面拿起來，放在距離自己眼睛大約二十公分的位置，整體看一看。

你有什麼發現？

哪些部分分數很高，為什麼會這麼高？哪些部分分數相對較低，又是因為什麼？

把你的發現記錄在輪子的旁邊。

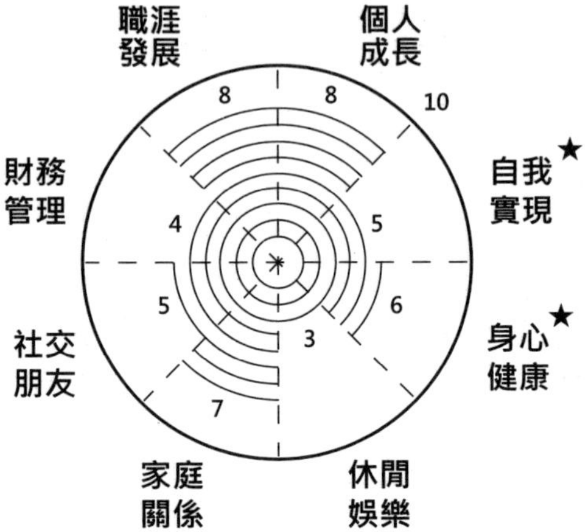

圖 16-4　找到撬動點

第五步，找到撬動點（見圖 16-4）。

現在來到撬動整個生命的關鍵時刻了。看看你的生命平衡輪，哪個部分的滿意度提升，就會帶動其他各個部分的整體改變？哪個部分變得更好，你的生命就會更加豐盛平衡？

用你喜歡的顏色和符號標示出來吧！

第六步，制定目標。

你想將發揮撬動作用的部分的滿意度提升到多少分呢？在輪子上標示出來，並且用紅色箭頭從現狀到目標分值的位置做突出標示。然後對其他各個部分的目標都做一個設定。

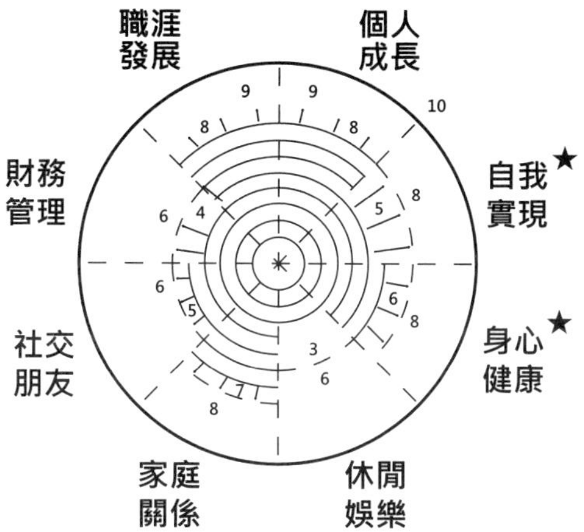

圖 16-5　制定目標

第七步，展望願景。

假如在未來你所設定的時間內，這個撬動點的部分真的達到了你的預期，它的狀態帶動了其他所有的部分，你的目標實現了，那時你的生命是怎樣的狀態呢？

你可以閉上眼睛暢想一番，允許大腦發散創意和渴望。當你看得足夠清晰，可以把美好願景的關鍵字和畫面記錄或繪製下來。未來可以經常拿出來翻閱。

第八步，制定計畫。

到了最後一步，為了達成目標，為了讓撬動點發揮它的重要作用，你接下來最重要的行動計畫有哪些？逐一記錄下來。

這就是生命平衡輪的經典用法，用來評估生命的整體狀態。

Jacky 當時就是在繪製自己的生命平衡輪時，對自己過去和當下的生命狀態有了系統性的評估和全新的覺察。

有趣的發現是，雖然在使用生命平衡輪時，我們會把注意力更多聚焦在撬動點上，但是我們的潛意識是全像接收訊息的，對視覺畫面非常敏感，很多人在使用後都會驚喜地發現，即使忘記了最初自己畫的輪子長什麼樣子、打了多少分，但是很多目標居然都達成了，潛意識在悄悄地發揮作用，凡是你設定的，它都記得。

基於人們不同的實踐，生命平衡輪也被用在很多其他的領域，比如「決策輪」、「計畫輪」等。期待看到大家有更多的延伸用法。

馬上動手繪製自己的生命平衡輪吧！全息地看待生命，動態地調整行動，你的生命終將平衡又豐盛。

轉念肯定句

我的種子播撒在哪裡，哪裡就會開花結果。

我的生命平衡而豐盛！

我越幸福，就越成功。

17 為自己做出明智且心安的選擇

轉念故事：在人生十字路口左右爲難，該如何選擇

我的客戶小張是一名資深理財顧問。二〇一四年，她三十歲，正在一家銀行做私人銀行經理，收入非常可觀。我們在一次培訓中相遇，那次的培訓主題是「綻放講台」，是針對培訓師成長的課程。

三天的培訓課程裡，小張全情投入，後背始終挺得溜直。她的頭髮烏黑濃密，紮一個馬尾辮，眼睛像兩顆烏溜溜的黑葡萄，又圓又大，給我的印象特別深。她經常看著我點頭微笑，彷彿傳遞著對我所培訓內容的深度認同和喜愛，每一次的練習也非常認真地參與和輸出，她真的是我見過格外突出的學員。

培訓結束前我講了一個關於教育的故事——泰迪的故事，講述過程中我的情感被深深帶入，自己幾度感動哽咽，台下五六位學員也是如此。最讓我印象深刻的便是小張，她不停地拿著紙巾擦拭眼淚，嘴角微微抽搐，抑制不住的感動讓她的身體也輕輕顫抖著。

我們的緣分就這樣開始了。培訓結束後，她取得了我的聯絡方式，對我的培訓給予了很高的評價，並且邀請我做她的教練。

就這樣，時隔半年的平安夜，我們透過電話開始了第一次對話。

小張和我分享著她的困惑：在很多人眼裡，她的工作高薪又體面，是很多人夢寐以求的。但是對她自己而言，卻不盡如人意。每天有大量的工作需要她親自處理，繁忙又瑣碎，這樣的工作讓她無暇照顧父母和孩子。因為業績突出，也有其他金融機構在邀請她加入，這些機會總體看起來會比在銀行工作更自由一些，會有更多時間照顧家人。

她無法權衡，內心糾結矛盾，不知道該如何選擇：是放棄高薪的職位，還是選擇其他金融機構？其他金融機構她畢竟不熟悉，和銀行的機制又有很多不同，對於三十歲的她來說是不是太冒險了？又或者繼續在銀行裡工作，至少這樣熟悉又安全，收入也還是很不錯的，但是對於照顧家人和孩子的需求、自由的需求又無法滿足……

我就這麼聆聽著她的描述，也感覺她真是充滿矛盾，每個選擇聽上去都各有利弊，小張似乎也考慮得很全面透徹，她到底該如何做決定呢？

轉念奇蹟：選擇什麼不重要，爲什麼而選擇才最重要

選擇似乎是我們每天都會經歷的，下面的各種重大選擇你是不是也曾遇到過呢：

我應該選擇創業，還是繼續留在原來的公司？

我要換工作了，現在收到了兩個錄取通知，應該去公司A還是公司B呢？

我的孩子明年要上小學了，我應該幫他選擇學校A還是學校B呢？

我已經二十八歲，談戀愛三年了，我到底要繼續戀愛還是結婚呢？

我們常聽人說：「我們的今天就是由過去無數個選擇造就的。」、「在實現目標的道路上，選擇大於努力。」這些聽起來很「雞湯」的話非常有道理，但往往增加了我們做選擇時的壓力。

愛因斯坦說過，**問題不可能在其發生的層面得到解決**。

人生不是只有選擇題。如果選擇的時候只是盯著選項，考慮選A還是B，並不能真正讓我們做出有效的選擇。就像小張，如果只是分析離開銀行的利弊、選擇其他金融機構的利弊，只會讓她更糾結。只有真正看到選擇背後是什麼在影響自己，自己依靠什麼來做選擇，理想的選擇是怎樣的，才能真正幫她做出當時最讓自己感覺安心的選擇。

我沒有繼續讓小張去分析比較，更沒有使用很多人常用來權衡利弊的工具（比如SWOT分析），而是讓她思考了以下四個方面的問題——

第一，如果你可以遵循自己的內心，你最理想的未來生活和工作是什麼樣的？

第二，在選擇下一份工作的時候，你最看重什麼？你想要的理想工作有哪些特點？你希望在工作中發揮哪些優勢，創造哪些價值？

第三，如果有一個選擇能最大化支持你過理想的生活，這個選擇是怎樣的？

第四，什麼是你無論如何都不會放棄的？

這些看似與「選擇」本身不直接相關的問題，讓小張不再左右為難，讓她真正以終為始地看待自己的未來，她的視野從狹窄的「蟲」的視角，擴展到寬闊的「鷹」的視角。

小張從來沒有思考過這幾個問題，當她開始安靜下來思考的時候，我在電話這頭聽到她感動落淚的抽泣聲，她說：

「我最想要的生活狀態是能夠平衡工作和家庭。我非常愛我的父母，我是他們唯一的女兒，我也非常看重我的孩子，我老公工作很忙，基本上沒有時間照顧家裡，而我願意也需要承擔起照顧家庭的責任。我看到我和爸媽、兒子在一起非常和諧幸福的畫面，我還看到自己開始做培訓的工作，這也是我這麼喜歡您的課程的原因……」

小張和我分享著她看到的關於未來的美好畫面，那畫面在她的描述中那麼清晰、生動，當她看到內心理想未來的圖畫後，她發現「自由、成長、愛與陪伴」對她來說是非常重要的，當她回到眼前的選擇，她最終非常堅定地選擇了離開。

如今八年過去了，這八年我見證著她越來越能夠按照自己的心意過生活、做事業，輕鬆不費力。她每週只去公司三次左右，團隊業績卻總是在機構排名前列，大客戶也一路信任她、跟隨她，和她成為很好的朋友。在孩子上小學後，她也能投入更多的時間陪伴孩子。用她經常和我說的話來講就是：「和你的第一次對話，真的讓我想通了自己想要怎樣的生活，這些年我就篤定地往前走，想要的居然都實現了。」

選擇什麼不重要，為什麼而選擇才最重要。

轉念時刻：助你做出明智又安心選擇的思維框架

到底一個好的選擇具備哪些特點，怎麼評估我們所做的選擇是好還是壞呢？

一個好的選擇一定是基於一個人的整體性所做的，也就是整合了一個人的腦、心、腹的能量。我把它稱為一個讓人感到「明智」又「安心」的選擇。這樣的選擇具備三個特點，你去評估選擇的時候，可以考慮這三個維度——

評估維度一：經過大腦的系統思考和理性分析，是相對正確的。

好的選擇是你盡量考慮得非常周全，經過充分了解、思考和分析的。

評估維度二：做出這個選擇能夠讓內心感到安定、有力、有期待。

如果你做了一個聽起來很正確的選擇，但是你每一天內心不安，其實就在提示你或許這對你來說並不是一個好的選擇。相反地，如果選擇後你感到放鬆、平靜、充滿能量，這有很大的機率是一個好的選擇。

當然，這裡提到的「安定」與待在舒適圈求安穩的感覺是非常不同的。

評估維度三：可以馬上為你的選擇做出行動。

好的選擇是你可以為之做出改變和努力的，而不是只停留在大腦中，是你可以馬上採取行動、做點什麼的。

所以在做出選擇前，你有三個「需要」——

第一，需要知道：更多的資訊（外部的重要資訊）。

這屬於外在世界給予的重要參考。越重要的選擇，越需要有更充足的資訊輸入。

第二，需要發現：在當下的生命階段，什麼對自己最重要？

這個時代，每個人能夠從外界獲取的資訊都是龐大的。可是有時恰恰因為我們聽到、看到了太多外在的資訊，無法分辨和處理，最終導致很難做出選擇。

第三，需要系統：如果將目光放長遠，從整個生命來說如何做選擇？

在面臨選擇時，我們往往會做比較，糾結在眼前具體的細節上，目光局限在此刻看得見的部分。然而很多的選擇不僅要看眼前，還需要從自己過去的經歷，以及整個生命長河的發展維度來衡量。

此外，一旦做出選擇，我們就需要為選擇負責。新的選擇需要不斷提升自己，還可能存在很多未知風險，我們是否擁有勇氣和力量去面對未知？這些都會影響我們做出選擇。做選擇的過程是升級思維、提升意識的過程，我們需要跳出細節、擴展思維、洞見本質。

做選擇看起來是一個行為，是一個動作，卻受到很多因素影響。

接下來為大家分享一個思維框架：邏輯層次，在做選擇時這個框架能夠很好地支持我們洞見選擇背後的智慧。

邏輯層次最早由英國人類學家葛雷格里．貝特森為行為科學的心理機制提出，以英國二十世紀最偉大的哲學家、《西方哲學史》的作者伯特蘭．羅素的邏輯和數學理

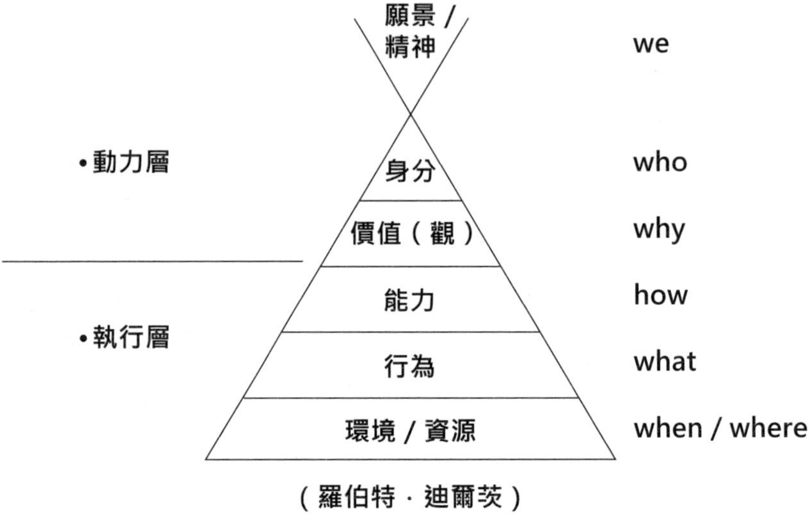

圖 17-1　邏輯層次模型圖

論為基礎。後由NLP（神經語言程式學）大師羅伯特．迪爾茨再次提煉和發展，並在一九九〇年開始推廣應用。

邏輯層次共六層（見圖17–1），代表著我們在每個時空都會將注意力聚焦在不同層次，而這影響著我們看待事物、處理問題的方式，決定了我們如何做選擇，也影響著我們想要達成的結果。

如果我們可以將這六個層次整合在一起，就能夠更有效地支持我們系統思考、身心合一，從而更好地達成目標。

第一層：環境／資源層。

這一層意味著我們常常會關注自己所處的環境怎麼樣，外面有什麼資源可以提供支持，有多少人力、時間、預算，競爭對手怎麼樣，我們會在哪裡做事，等等。注意力更多放在了外在，也常常會出現焦慮、抱怨和不滿等情緒。

第二層：行為層。

這一層代表我們每天「具體在做什麼，我們採取了哪些行動、步驟」。當下，每個人都非常忙碌，都在忙著做事，忙著行動，常常加班。

第三層：能力層。

這一層指「怎樣才能把事情做得更好，我們需要具備怎樣的能力，需要提升什麼，我們怎麼衡量自己的能力可以達到要求」。

日常我們的注意力大多聚焦在這三個層次上。每天我們找時間、找資源，列很多待辦清單，做很多事，忙著加班，忙著學習、提升自己。

這三個層次的共性是什麼?它們都是偏「事情」的層次，也就是「身體」在做什麼的層次，相對來說非常具體、關注細節。在做選擇的時候，我們最常將注意力放在這三個層次上。

可以想像一下，當我們把目光聚焦在事情具體細節上的時候，是什麼感覺？就是「陷進去」的感覺。打個比方：此時我們的視角就是「蟲」的視角——局限、狹窄，只能看到眼前。

面臨選擇，面臨兩個各有利弊的選項時，如果只是盯著這三個層次看，我們很難做出最終的決定，很容易短視、顧此失彼，內在也很難獲得篤定的感覺。

我們更需要的是看到——

是什麼驅動我做出選擇？

做選擇的過程裡，我最看重的是什麼？

我想要的未來到底是怎樣的？

這些問題就是邏輯層次中的上三層所關注的——

第四層：價值（觀）層。

這一層意味著「我到底看重什麼，什麼對我最重要，這個選擇到底意味著什麼，我想從中獲得什麼」。

這一層對我們來說太重要了！是我們看重的意義和價值，是我們認為重要的東西，是我們的內在動力。

第五層：身分層。

這一層代表的是「who are you，你想要成為誰，你想要透過做一件事成為怎樣的自己」。

身分層經常涵蓋一個人秉承的價值觀，具有很強的包容性。

比如：雖然小王只是一個專案經理，但是在團隊裡他希望自己成為一個有影響力的領導者。財務部的小張喜歡創新，他希望自己在財務工作中成為一個開拓創新者。人們清楚了自己的身分，想明白了自己要成為誰，在面臨選擇的時候就會更加堅定和清晰。

第六層：願景／精神層。

這個最高的層次代表著「我想要創造怎樣的未來，我最理想的未來是什麼樣子的，我希望傳承怎樣的精神，想要貢獻給其他哪些人哪些價值」。

願景層對一個人的激發是最大的。這一層在金字塔頂端並且開口向上無限延伸，它影響著下面的五個層次。一個人到達這一層，意味著**他想明白了「我的未來是什麼模樣，我知道我要成為怎樣的人，我信奉怎樣的價值觀，我如何去發展自己的能力，如何採取行動，如何尋找資源」**，這也就是人們常說的上下打通、身心合一的狀態。

一個選擇，沒有選擇。兩個選擇，左右為難。三個選擇，才是選擇的開始。

下一次，當你面臨人生的重大選擇，不妨透過這個思維框架，去問問自己的內心，看清你真正想要的是什麼，從而為自己做出一個明智又安心的選擇。

轉念肯定句

每個當下我都做了最好的選擇。

當我做選擇時，我遵循我的內在指引。

我們只有一個過去，卻可以有無限個未來。

18 別害怕停下來，去重建你的生命

轉念故事：真心付出二十年，我居然被辭退了

我朋友小菲的丈夫阿朋，是所在行業的頂尖業務，在公司就職近二十年，順利在北京落戶、買房、買車，收入豐厚，一家人幸福地生活在一起。

讓他萬萬沒有想到的是，四十四歲剛過，公司新來一任領導者，合作不到一個月，莫名其妙把他辭退了！

阿朋畢業沒多久就來這家公司了，從什麼都不會的實習生到年年業績優秀的頂尖業務，二十年的時間，付出的心血、投入的熱情，可想而知。

突如其來的失業令阿朋備受打擊。真心付出二十年的工作，居然一夜之間就這麼

消失不見了……

阿朋性格直爽，愛面子，不善於表達情感，遇到這麼大的事，寧可自己憋著，也不和老婆溝通。

失業後一年半的時間裡，阿朋很少與人交流，他最常做的事情就是躲在家裡的小臥室，耽溺在自己喜愛的網路遊戲中，看上去跟個沒事人似的。

小菲知道他受了很大打擊，經常關心地問：「老公，你怎麼樣啊？接下來有什麼打算呢？」阿朋只是敷衍道：「沒事，我歇歇。」連頭都不抬。

看到丈夫終日無所事事，小菲便鼓勵他重新找工作，阿朋卻好似一頭昏昏欲睡的老牛，拉不動也推不走。就在那年冬天，屋漏偏逢連夜雨，阿朋去滑雪，摔斷了腿。小菲本想關心他，可是看著阿朋持續低迷頹廢，又不願意和自己溝通，實在難生憐憫之心。阿朋喜歡做飯，打著石膏一瘸一拐地進出廚房，小菲都沒有一絲同情，兩個人的關係在婚後十八年第一次變得如此緊張。

小菲每次和我說起阿朋的事，總是無奈又絕望。

那段時間，對阿朋和小菲都是一次考驗。

處於人生低谷的阿朋，失意頹喪。如果重新找一份工作，他不知道要選擇什麼，是做業務，還是做點自己有興趣的事，比如潛水、做飯、和孩子玩，但是這些又不能當飯吃。

就這麼踟躕不前了一年半，阿朋突然開始對外出學習產生了興趣。他參加了探索個人天賦熱情的工作坊，參加了發掘第二人生的課程，還學習了教練課程。在一次次學習中，阿朋開始正視自己的痛苦和經歷，也漸漸學會了敞開心扉跟雖然陌生卻真誠的同學們交流自己的困惑和迷惘。

就這樣，一件一件的好事開始如久別重逢的好友般向他敞開懷抱。他遇到了可以在未來持續深耕的職業機會，找到了志同道合的新朋友結伴前行，還成功入職一家收入不錯並且工作時間靈活自由的公司。雖然快四十六歲了，阿朋卻感覺全新的生命在向自己展開，他每一天內心都充滿希望，動力十足。

有一天晚飯後在公園散步，阿朋突然對走在左邊的小菲說：「老婆，這接近兩年的時間，其實蠻珍貴的。停下來，是為了更好地前進。」

轉念奇蹟：生命中的失去就是重整命運的機會

對阿朋來說，能面對失業，就是允許自己去經歷失去的傷痛。

很多時候面對失去，我們內在的第一反應可能是：這是一件不好的事情，不想讓別人知道，不想讓親近的人知道。自己的內在是不接受的，我們會否認，會掙扎，甚至會想早一點逃離，不想經歷那份傷痛。**但是若不親身經歷，若不完全經歷傷痛，我們永遠無法從傷痛當中真正走出來。**

面對失去，首先我們需要真實面對自己的心，面對內在的痛苦，面對委屈、憤怒、挫敗、絕望……在這些情緒中充分感受自己，接納自己。面對眼前的失去，要先擁抱這些負面的情緒。當我們允許這份情緒流動，我們的身體、心靈，就在其中完完全全經歷了這件事情，體驗過後，我們才真的準備好了向未來走去。

美國作家伊莉莎白．庫伯勒．羅斯將**傷痛分為五個階段：否認，憤怒，掙扎，憂鬱，接受。若繼續向前，第六個階段便是在接受之後發現其中的真諦，開始了悟**。

不知道在過往所有失去的經歷中，你走到了哪個階段？我們一生中大大小小的失去有很多，有的已經過去很多年，可是我們至今仍然在排斥與否認，還在抗拒；事情已過，我們的心仍然被傷痛控制著，無法獲得釋然和自由。

如果不是被辭退，阿朋或許永遠沒有時間停下來放鬆、思考，也沒有機會真正去敞開自己與陌生人交流，獲得不同視角的回饋和啟發；如果不是被辭退，阿朋或許依然在全國各地奔波出差，沒有足夠多的時間陪伴家人，更沒有機會探索自己真正熱愛的是什麼，未來的生命還有哪些可能。

停下來，是為了給我們機會審視過去；停下來，是為了給我們空間了解內心；停下來，是為了去發現未來還有哪些可能性；停下來，是為了有機會重建生命。

轉念時刻：透過時間線重建生命

我們被迫停下來，或許恰恰是上天的美意。借助穿越「時間線」這個有力的工具，我們不僅可以回顧過去生命中的重要經歷，發現自己的生命軌跡，更能看見生命未來的機會和可能。

接下來的十個步驟，請跟隨我一步步進行——

第一步：找到三張A4白紙，將其橫向上下對折，並用筆描畫出對折線，這條長長的橫折線就是我們的生命時間線。

第二步：將三張A4白紙依次擺放。

第三步：依據自己的實際情況，按照年齡從出生到當下，在時間線上做標記。

第四步：輕輕地閉上眼睛，做三次深呼吸，讓自己盡可能地放鬆下來，在心裡默默對自己說：「接下來的探索過程中，我會看見自己的生命軌跡，會看到所有對我有意義的資訊，並指引我去創建未來的生命。」

第五步：請跟隨自己的記憶，回想在你生命中都經歷過哪些重要時刻。下面的問題供你回憶時參考：

你如何來到你的家？

你的幼兒園、小學時期是怎麼度過的？

你的童年有哪些難忘的經歷？

隨著你長大，你看到了哪些事情，遇到了哪些人，讓你難忘？

你上了中學，又經歷了些什麼？

你的大學是怎樣度過的？

你什麼時候結婚的？

你的婚姻令你最難忘的是什麼？

你的職涯發展中哪幾個階段最重要？

第六步：依據你的回憶將重要的人、事、物記錄在時間線上（見圖 18–1）。注意一下，如果這件事的發生對你來說是開心的、正面的，是你生命中的閃光時刻，請把它記錄在時間線上方對應年齡的位置，越靠上就代表越開心；如果這件事對你來說是負面的、挫敗的、傷心的，是你生命中的灰暗時刻，就把它記錄在時間線下方對應年齡的位置，越向下就代表著越負面。你需要花一些時間來記錄和標記。

第七步：請你看看過往的生命時間線，有哪些發現？把它們寫在你喜歡的相應位置。下面的問題供你整理總結時參考：

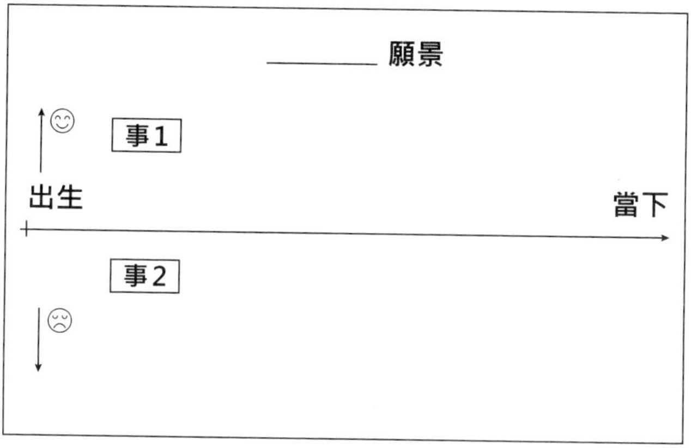

圖 18-1　記錄生命時間線

那些讓你開心的經歷給你怎樣的力量，它們給你的提示是什麼？

你的天賦優勢有哪些？

那些讓你難過的經歷帶給你的啟發是什麼？它們的意義是什麼？你從中學習到了什麼？

你發揮了哪些特殊的才能度過了那些艱難的時刻？

在你過往的生命中，有什麼主旋律是始終貫穿其中的？你最想用哪些關鍵字來形容你過去的生命？

綜觀過去的生命，你覺得你此生最想做的是什麼？什麼是你生命的主題？

第八步：用一張全新的A4紙放在剛才白紙的右邊，它代表你未來的生命。

第九步：想想看，如果能最大化地整合你的過去、內心熱愛的事，接下來的生命你想要如何度過？在代表未來生命的白紙上寫下你對創建未來想到的一切可能。

第十步：你的未來是什麼樣的？請用幾個關鍵字來形容你最想要的未來（見圖18–2）。

至此，你完成了一個非常重要的練習，你完成了對自己生命的回顧，也嘗試創建了未來生命的可能性。

我帶領很多學員進行過這個練習，自己也大致會每年練習一次，每一次都會有不同的發現，也會看見有很多不變的內容。

很多人說，透過練習，他們更加了解自己，對過去的失去釋然，放下了早該放手的經歷；更重要的是，他們看到了自己生命的主旋律，發現了自己的潛能和獨特的技能，這些都為他們邁向全新的未來提供了無比珍貴的回饋和資源。

________ 未來的生命

- √ **記錄關鍵詞**
- √ **塗鴉或繪畫**

圖 18-2　未來的自己

這個練習請在獨立、安靜不受打擾的時間和空間進行。整個過程大約需要三十分鐘（如果想要更充分的體驗和探索，可以根據情況延長時間）。

轉念肯定句

我接受生命為我準備的所有功課。

若不是有更好的要來，沒有什麼會離開。

我感激我所經歷的一切，

我時刻準備著迎接全新的可能。

19 遵循內在指引，做出生命決定

轉念故事：到底要不要生第二胎

小薇前些年去法國留學，回國後在一座三線小城當大學老師，還和先生共同經營一家非常浪漫的義大利餐廳。我初次認識她是在北京一次培訓師的課堂上。

那天小薇是學員中第一個到教室的。她穿著一身得體的淺灰色連身裙，優雅從容，開課前她親切地和我打招呼，讓我對她印象深刻。之後的課堂上，小薇全情投入，時而陷入沉思，時而頻頻點頭，有時拍手大笑，而在培訓結束分享收穫時，她居然泣不成聲。

小薇在我眼裡就是這樣一個敢笑敢哭、真實有力的女人，是我第一次用「颯」來形容的一個女人。

從此，我和小薇便成了摯友，也成為了她的長期教練。在每一次溝通中我可以更全面地了解一個人的生命，他們是鮮活的、有趣的、立體的、豐富的。

在我的印象裡，小薇一向做事果斷，但有一次，在她約我的時候，我就能感受到她的矛盾糾結，還有想要迫切解決問題的心。

原來她在糾結到底要不要生第二胎。我好奇地陪著她探索屬於她的答案。

我問她：「關於第二胎，今天你想收穫什麼呢？」

「我想靜靜地看看自己的內心，我想看看自己對於這件事真實的需求和渴望到底是什麼。我媽媽總是提醒我該生老二了，我也看到很多人這些年也都生了老二，家裡多個孩子感覺是不錯，其樂融融，孩子也有伴。但是很奇怪，我總感覺這些都不是自己的真正需求，我就是想不明白，到底要不要生第二胎。」

這些話自然地從她嘴裡流動出來，絲毫不必動用腦力，但是她的語氣卻帶著一些好奇、困惑與糾結。我也聽出來，似乎有很多人對她產生著影響。

經過慢慢地梳理，她堅定地希望透過對話真正弄清內心的需求，從而可以安定內心，朝著理想的方向去安排生活。

我好奇地問她：「那麼你內心真正的渴望和需求是什麼呢？」

小薇沉默了很久，電話那頭安靜得讓我懷疑她是不是還在，我的呼吸似乎都需要放得更輕更慢。

「我最想要的是：和先生一起，把錢、精力、時間花在一家三口的共同成長上面；我們的生活是輕鬆、充滿熱情的，我們可以帶女兒看山、看海、看世界。我可以給女兒最大的禮物，就是讓她感受到生命的飽滿、正向、健康，充滿能量，借助這個過程為她的內心種下一顆相信的種子，那就是——有能力獲得幸福，有能力找到對自己有滋養的人。這是我認為的媽媽的使命。」

我在電話這頭記錄著她的表達，內心升起對小薇美好語言的喜愛，那感覺就好似有人在對我吟詩。

我把小薇表達的關鍵字如回音一樣彈回給她，她驚訝自己說了這麼多。「我突然感覺很有力量，心裡有了底，同時也對自己有一些小小的失望，我去法國留學，最後回到現在的小城市。折騰一圈的意義到底是什麼呢？」

「對啊，折騰一圈的意義到底是什麼呢？」我直接用這個問題反問她。她又一次沉默了。

「我在尋找自己的力量，意義是緩衝，是提醒我要勇敢做自己。」

「勇敢做自己的小薇，現在對於第二胎有什麼新發現呢？」我用更加堅定的語氣問她。

「我的內在需要斷捨離，二寶是我內心的欲望，是被別人影響後產生的欲望，特別是我的媽媽。」

當小薇釐清了內心的想法，在對話結束前，她羅列了接下來的行動計畫，其中有一項對她而言非常重要，便是傳訊息給媽媽，真實地表達這件事的緣由、自己的訴求，以及對媽媽的抱歉和感謝。

那一天的對話結束後，小薇擦乾眼淚，放了一首輕柔的鋼琴曲，午飯後她出門去買菜，準備晚上為公婆做大餐，然後開心輕鬆、全心全意地陪伴女兒去上課。

小薇放下了糾結、迷惘，繼續輕裝上路，做那個又美又颯的義大利餐廳老闆娘，更加篤定平靜地站在講台上，教書育人。

自那以後，生第二胎的事情，就像一朵雲從天空飄過，再也沒聽小薇提起過。

轉念奇蹟：每個人的內在，都有足夠資源解決自己的問題

你很容易受他人影響嗎？

你很容易聽從權威人士的建議嗎？

人生中的每一次重大決定，你是自己作主，還是聽從父母或他人安排？

遇到問題，你是傾向於自我探索還是向外尋求指導？

每個人在一生的成長中，需要攜手三類重要的人群。

第一類：夥伴

夥伴可能與你有著相似的經歷、相同的興趣，價值觀相投，特別懂你，你們經常在一起學習、分享和探索，並彼此支持和成長。夥伴是在你需要的時候陪伴在你身邊的人，是你可以吐槽發牢騷卻不會討厭你的人，是可以看你笑陪你哭的人。

第二類：導師

導師是指引你、啟發你、為你提供知識和智慧的人，是當你遇到問題時，為你提供建議、解決方案的人，是會指出你的問題、幫你分析好壞利弊的人；導師也可能是你的榜樣，是你希望成為的人。導師是在某個領域日積月累、閱歷豐富的專家或權威。生命中我們都需要和自己同頻的導師，向他們學習。在導師面前，你總會感覺自己渺小，感覺導師深具權威、專業和睿智，很多時候你都希望能成為導師這樣的人。

第三類：教練

教練是你持續成長的陪伴者。他願意聆聽你，從不對你有好壞評判，他對你保持好奇與開放。當你遇到問題時，他願意做一面鏡子，照出你的樣子，幫你發現自己的盲點，更加客觀、全面地看到自己。有時，教練會提問，透過這些提問，你開始思考自己的人生，你的創造力被激發，對事情的看法和角度不斷得到拓展，你感受到了自己更大的潛能。教練甚至比你還要相信你。教練相信你是自己問題的專家，你可以找到最好的答案。教練相信每個當下，你都會為自己做出最好的選擇。

問題的解決最終只能依靠你自己。

在工作和生活中，你遇到的問題越複雜，就越需要內在的智慧和力量。過往此時，或許你會去查資料，看看外面的世界有哪些重要的資訊可以為自己所用，但是資訊之多，令你眼花繚亂；或許你會找朋友聊聊，你們彼此感同身受，除了發洩情緒、互吐衷腸，你的問題還在那裡；你也可能會找導師專家諮詢，聽聽他們有什麼建議。

然而，無論你找誰，外界的聲音永遠只是參考。最終做決定的都是你自己，你需要為自己的人生作主，即使有時你的決定被驗證是錯誤的，你走過的路、吃過的苦、跨過的坑，都會成為你的人生彌足珍貴的一部分。

一切答案都在你的心裡。

和父母的關係不好，你的內心其實明白什麼才是最好的解決之道，而不是抱怨父母不夠愛你；工作不得公司賞識，是提升自己、放下比較心，還是離職放棄，你的內心明白如何選擇；被人貼上負面標籤，是默默認同，還是客觀看待、平靜接納，你的內心知曉你絕不是別人嘴裡的樣子；孩子學習習慣不好，你若學會調整自己，成為孩子的榜樣，孩子的改變自然會發生。

一切問題的解決之道，都在於你。

不抱怨，不評判比較，回到自身，與心對話，你可以找到你需要的答案。

轉念時刻：喚醒你的內在導師

接下來的練習，是為了支持你喚醒自己內在的導師。這個導師不在外面，而在你的心裡。

你可以想一件你很想尋求答案的事情，或者找到一個你很頭疼想要解決的問題。

第一步：讓自己安靜放鬆地坐下來，不受外界的打擾。緩慢地調整你的呼吸，讓自己越來越平靜。

第二步：輕輕地閉上眼睛，想起你想要尋求答案的事情。

第三步：請你在內視覺觀想一個充滿智慧、慈悲的你，那個你是你無比希望活成的樣子，他似乎無所不知、無所不曉。看看那個你是什麼樣子的，他的狀態如何，穿什麼衣服，面部表情如何。

第四步：你看著這個更具智慧的自己，最想問他什麼問題，在內心問問他，然後靜靜地聆聽接收到的答案。

第五步：問問更具智慧的自己，在這件事上，他特別想給你的建議有哪些。

第六步：在你的內在深深地表達感謝。

以上步驟中第四步、第五步可以反覆循環進行，你會持續接收到對自己有益的答案，直到你覺得做得很充分了即可停止。

轉念肯定句

我的內在具足，我的內在擁有足夠的智慧。

當我遇到問題時，我向內探索尋找答案。

我是自己生命的主人。

20 小步行動引發持久改變

轉念故事：那些拖延不動的人

故事一

王林是一個親子教育平台最受歡迎的老師，她平時非常喜歡企劃各種活動，凡是她企劃的活動，會員們都會積極報名，名額總是瞬間被搶光。

最近平台創始人安排王林企劃一場讀書會，這原本是王林平時最愛做的事，結果沒想到距離讀書會舉辦的日期只差四天了，王林卻什麼都沒做，會議上每次輪到她分享，她都含糊著嘀咕過去。

好朋友程芳看到這個情況，也很納悶，就約王林在公司附近的咖啡廳聊聊。她們坐在咖啡廳進門對面安靜的角落裡，程芳看著王林，問：「你最近怎麼了？你一直喊著要辦讀書會，怎麼最近一動不動啊？」

「我也不知道，就是感覺不想做，沒什麼動力。辦讀書會，到底為了什麼呢？」

故事二

馮靈特別熱愛藝術，過去的十年時間裡，為了追尋自己熱愛的事情，她投入了大量的時間學習聲樂、戲劇、繪畫，徜徉其中，自在又幸福。

她的朋友小葉和小愛正在企劃一場線下活動，想用富有創意的形式展開，她們不約而同想到了馮靈。見面之前，小葉和小愛就激動地暢想著馮靈聽到後會多麼開心，一定會熱情地加入。出乎意料的是，馮靈聽完她們的點子，表情無比冷靜。

見此情景，尷尬的小葉連忙問：「靈兒，你有什麼想法？怎麼面無表情啊？」

馮靈低下頭，抿了抿下嘴唇，十指相扣，擠出來一句：「我不想參與，我還沒準備好。」

「啊？怎麼會，你在這方面積累得那麼多，使出百分之一的能力就足夠了。」小葉、小愛著急地說。

「不，不，我差得太多了，如果沒有十足的把握成功，我是絕對不會去做的。」

小葉和小愛意外地對視了一眼，這件事就此擱淺了。

故事三

蘭蘭是老闆的得力下屬，凡是她經手的專案，從系統規劃到細節把控，絕對沒問題，工作交給她，大家都放心。

以前蘭蘭還沒帶團隊時，一接到任務，自己一個人做得又快又好，根據自己設定的專案規劃表、細節進度表，清晰實際又高效。蘭蘭剛入職，就被安排製作公司二十週年慶的年會宣傳影片。雖然是新員工，但是蘭蘭憑著一股熱情，還有高標準、細節控的工作態度，在年會上大放光彩，一下子讓全公司的人都認識了她。年會結束，老闆龐總監對她讚賞有加，詢問她是怎麼做的，蘭蘭自信地打開電腦，為總監展示自己的工作計畫，除了專案表的嚴謹和具全域觀外，影片的企劃案真是讓龐總監眼前一亮。每一幀的準確時間、配圖、文字、字體、配樂都有設計，那一刻，龐總監覺得她真的像個電影導演。

因為蘭蘭個人表現突出，部門很快壯大，老闆提拔蘭蘭為部門經理，她有了兩個下屬，小傑和小靜。做了管理者，和自己單打獨鬥不一樣。蘭蘭不再需要親自做事，而是需要學習培養下屬們做事，並且做好。

每次團隊接到新的任務，蘭蘭就會把小傑、小靜叫到身邊，然後向兩人展示自己過去的表格，小傑、小靜看完了，直豎大拇指。等到分頭行動的時候，他們兩個卻進展得很慢。一次蘭蘭路過辦公區的茶水間，正好趕上小傑、小靜在喝水聊天：「啊呀，這工作我們可不敢做啊，主管標準那麼高，做不好是要挨罵的。」蘭蘭聽罷轉頭溜走了，假裝什麼都沒發生。

有一天，龐總監和小傑、小靜一起吃午飯，問起她們的工作進展，小傑、小靜嘀咕咕難為情，你看看我，我看看你，終於決定把心裡的苦說出來：「龐總監，我們最近的工作沒什麼進展，蘭蘭的要求太高了，我們壓力很大。最開始，我們行動還蠻快的，但是蘭蘭不滿意，經常來糾正，我們實在達不到她的標準，又不知道怎麼和她溝通，所以就沒繼續進行了。」

轉念奇蹟：每個拖延行爲背後都藏著恐懼

大多數人都存在拖延行為。

有的人一直想戒煙，卻屢戒屢敗；有的人明知道運動重要，卻久久動不起來；也有人很早就計畫好與女友的約會，但是始終說不出口邀請。

你有什麼事在拖延呢？你又是為什麼而拖延呢？

拖延，指在開始或完成一項外顯或內隱的活動時實施有目的的推遲。加拿大心理學博士蒂莫西．皮切爾（Timothy Pychyl）在他的書《戰勝拖延症》（暫譯，*Solving the Procrastination Puzzle*）中說：**拖延是對生活本身無所適從的問題**。

拖延背後隱藏著四大恐懼。

害怕不夠完美

我們常說，完美主義的人是標準太高。但是本質上，完美主義沒有標準。

在完美主義者的心裡，他們總是試圖達到更高的預期。這個預期沒有盡頭。因此，完美主義者其實沒有標準。這讓他們遲遲無法開始行動，因為在他們的心裡，最好的標準還沒有達到，或者說還在持續被創造和建構著。

完美其實是個幻象，它並不存在。

害怕失敗

一旦行動，就一定會有失敗的可能，那麼，假如我不做，就不會失敗。

第二類行動拖延的人屬於這一類。

失敗對這一類人來說是可怕的，之所以可怕是因為他們把「失敗」與自己這個人連結在一起：如果一件事我搞砸了，就代表我這個人不夠好；如果一件事沒達到他人期待，意味著我是不值得信任的人；假如一件事我沒做好，我以後就都會失敗……

這類人很容易將做事的失敗與自己的身分畫上等號。比如一個孩子打碎了碗，原本只是一次小小的意外，但是如果爸爸發脾氣訓斥孩子「你是一個粗心大意的孩子」，就像給孩子定了罪，一個「粗心大意」的標籤便被牢牢貼在了孩子的身上，更住進了孩子的心裡。

害怕沒有意義

第三類人不行動是因為找不到做事的意義和價值。

為什麼要做這件事？這件事重要嗎？對我來說有什麼意義？我為什麼要花時間投入其中？

很多人遇到一件要做的事腦子裡就會盤旋著這些問題，從而停滯不前。

人們只會投入時間和精力在自己認為重要、有價值的事情上，然而並不是所有的事一開始去做時就會有意義，而是你投入了，才會找到意義。

很多時候我們在職場中被安排的工作在最初都並不讓自己喜歡，可是多年後再回頭去看，所有經歷的事、遇見的人，其實都在為今天更好的自己做出貢獻。沒有白走的路，每一步都算數。一切都是最好的安排！

害怕完成

很多人聽到這一點會特別不解，怎麼會有這樣的人呢？完成不是一件令人開心的事嗎？然而現實生活中，的確會有人因為不想讓一件事結束，不想面對完成後重新開始又有可能達不到過去效果的局面而遲遲不敢行動。

一位媽媽非常希望和女兒來一場兩人世界的親子旅行，但是每次想到結束時會不捨，擔心以後再也沒有機會去旅行，便一次次推遲旅行計畫。

害怕不夠完美、害怕失敗、害怕沒有意義、害怕完成，不知道這四大恐懼有沒有擊中你？你在行動時最大的恐懼是哪個呢？我們常常把這四大恐懼稱作四個小妖，它們藏在我們的頭腦裡，抑或躲在我們的心裡，我們不去看，不去戳穿，它們就會一直作祟。一旦被看見、被發現，也就有了機會去破除和消滅。

畢竟，行動才會創造我們想要的人生，不是嗎？

轉念時刻：福格行爲模型——讓夢想落地的行動三要素

福格是「行為設計學」鼻祖，被尊稱為「矽谷億萬富翁製造機」，他曾是史丹佛大學行為設計實驗室創始人，深入研究人類行為超過二十年，提出了著名的福格行為模型。

福格行為模型，**是指人的行為由動機、能力和提示這三要素組成，這三要素同時得到滿足時行為才會發生**。用一個等式來表示就是B＝MAP。其中B是行為（Behavior），M是動機（Motivation），A是能力（Ability），P是提示（Prompt）。**這個公式的本質是說行為發生於動機、能力和提示同時存在的時候**。它是一個行為發生改變的地圖。

行為：舉止行動，是接受思想支配而表現出來的外表活動。

動機：引發人從事某種行為的力量和念頭。動機是由需要產生的，當需要達到一定的強度，並且存在著滿足需要的對象時，需要才能夠轉化為動機。

能力：完成一項目標或者任務所體現出來的綜合特質。

提示：在某個時刻促使人們採取行動的信號。

我們逐一拆解三大要素，來看看行動是如何發生的，以及如何更快行動起來。

要素一：動機

美國的愛德華．伯克利（Edward Burkley）和梅莉莎．伯克利（Melissa Burkley）

在其著作《動機心理學》（暫譯，*Motivation Science*）中提到：**動機是行為的起點，沒有動機就沒有行為**。動機又分為內在動機和外在動機。

內在動機：個體因某一活動本身有趣或令人愉快而做出某一行為。做某些行為完全是因為喜歡。行為本身就是目的。

內在動機意味著我們自願進行某項活動，有些研究者使用「自決」一詞來指代受內在動機激發的人。人通常有三個核心的動機：自主、能力、歸屬。如果一件事你擁有足夠的自主性，有很強的掌控感，或者你的能力很強，又或者在過程中你感受到被一個群體接納，那麼你的內在動機就會很強。當然假如三個核心動機同時滿足，那麼動機水準就會非常高。

外在動機：個體出於某種外在原因而做出某一行為。行為被視為實現另一目的的手段。當人們因為做本來喜歡做的事情而獲得額外獎勵時，動機反而會減少。

比如：健身能讓曉琳感覺生命自己說了算，一小時的無氧運動對她來說沒有太大的挑戰，並且日漸緊致的身材給她積極的回饋，所以一週三次的私人教練課程她無論如何都會優先安排。她去健身不需要外界的敦促，這屬於內在動機。而媽媽每次都用寫一小時作業可以打二十分鐘遊戲來和小明溝通，就屬於外在動機。

內在動機相比外在動機，更穩定也更持久。每個人都具備內在動機，我們需要的是去發現、善用和放大它。那我們要如何提升動機呢？可以從以下四點入手：

第一，釐清願望。

願望是持久的動機，是我們渴望的未來的樣子。願望可以引發我們的行為，所以我們首先需要找到我們內在的願望，然後把願望變成具體可衡量的目標。

比如，我外甥女的願望就是成為一名芭蕾舞演員。她開始練習芭蕾舞的時候已經七歲了，比別的孩子起步晚，但是她充滿了極大的熱情，非常堅持、自律。每週四次課，就算父母偶爾想請假，她都會堅持去上課。哪怕和我聊天，她都會站立並用手扶著餐桌練習舞蹈動作，根本不需要別人敦促。

第二，找到改變的情感力量。

這指的是人們對想做的事天生就帶有積極情緒。我們喜歡做的事，自然會讓我們感到快樂、輕鬆、愉悅、興奮。

第三，找到黃金行為。

黃金行為就是最能支持人們實現目標的行為。比如在我寫書的過程裡，我的內在狀態、頭腦的清明非常重要，所以我每天清晨會進行冥想靜坐，並且在固定時段進行寫作。

第四，獲取積極回饋。

歸屬感是人類的核心動機，在群體中得到他人的關注就是一種強大的動機。當老公做完了一頓飯，得到老婆的稱讚和感謝，老公大多會更積極做飯，做更好吃的飯。

要素二：能力

能力分為五個方面：時間、資金、體力、腦力、日程。

第一，時間。

你的行動需要花多少時間？包括行動的頻率和每次持續的時間。時間單位越小，行動相對就越容易完成。比如，很多人想養成訓練身體的好習慣，小A一開始為自己設定的目標是每天訓練一小時，而小B則沒有過高的要求，他認為從每天十分鐘快走開始就很好。一般來說，完成十分鐘訓練要比完成一小時訓練容易很多，能力會更容易勝任。

第二，資金。

這是指這個行動需要花多少錢。資金需求越大，行動難度越高。

第三，體力。

體力消耗不在大小，關鍵在於做事的過程是否「費勁」或「較勁」。有時體力消耗大，但是覺得很順暢，也不會為行動帶來挑戰。

第四，腦力。

人類有一個聰明的大腦，卻往往不喜歡動腦，因為耗能。就像有時我們都會感覺腦力勞動更辛苦，在辦公桌前工作一天後一定要大吃一頓才放鬆。因此，行為要非常清晰明確，不需要頻繁做決策。

第五，日程。

你的行動是否可以輕易地放進日程表，成為你生活很自然、很簡單的一部分？

總結一下，如果要提高做事的能力，可以透過三種方式：提升技能、獲取工具和資源、讓行為盡可能變得微小。

要素三：提示

提示是生活中的隱形驅動力。沒有提示，行為就不會發生。提示就是在對你說：「現在就行動！」

常見提示有三種：人物提示、情境提示和行動提示。

第一種，人物提示。

人物提示是依靠內在的提醒去完成行動。比如身體的感覺，餓了就要吃；或者記憶，每週二都是團隊例會日。

第二種，情境提示。

設定一個身邊的情境要素提醒自己。我身邊很多喜歡打坐的朋友，點上一炷香，就會馬上靜坐下來；很多人用自己喜歡的關鍵字設定電腦的螢幕保護程式，比如「專注」或「放下手機」，一看到關鍵字就會立刻提醒自己。

第三種，行動提示。

很多習慣行為對我們來說完全自動化了，不需要多花費一點腦力，比如刷牙、洗臉、外出鎖門。由此，你可以把這些日常行為作為「錨點」來提示自己，把你想要增加的一個新的習慣嵌入原有的行為後面。行動提示是效果最好的。因為舊有行為你做起來不費力，只要在舊有習慣「之後」安排合適的新行為，就很容易建立新習慣。

你可以用這個微習慣配方：在我……（錨點時刻），我會……（新的微行為），為了讓大腦記住這個新習慣，我要立刻用……（慶祝）。

比如：每天當我做完晨間冥想（錨點時刻），我會傳訊息給爸媽（新的微行為），我會對自己說「我是充滿愛的女兒」（慶祝）。

現在請你找到自己正在拖延，很希望行動起來的一件事，分析一下——

了解福格行為模型後，你對自己的拖延有了哪些新的發現？

______________________________。

三大要素中，促進你行動的關鍵要素是______。

接下來，你可以馬上做出的行動計畫是______。

希望透過福格行為模型，你可以找到自己的動機、提升自己的能力、找到有效的提示，讓自己動力滿滿地馬上行動起來。

轉念肯定句

每一天我用行動改變人生。

再小的行動，持續做就會發生巨大的改變。

值得做的都值得做好，

值得做好的都值得做得開心。

結語

轉念是必須的，也是可能的

見證了這麼多人的故事，你或許會問我，到底什麼時候需要轉念呢？我如何才能意識到我需要轉變的是什麼信念呢？

這本書可以說我寫了五年，今天終於呈現在了大家的面前。

於我而言，從有了出書的想法到圖書出版上市，我的內心經歷過千山萬水。

我到底寫什麼？

我寫的東西有人看嗎？

我的文字功底不夠啊，寫的時候語言如此貧乏。

書上市了賣得不好怎麼辦？

被朋友挑戰，你的書還能出來嗎？

被同事說「你太完美主義」……

太多恐懼的小妖在我的內心翻滾搗亂。

於我而言：

這本書的創作過程，便是一場深刻的療癒。

透過書寫，我不斷看見自己的限制性信念，持續直面內心的恐懼，一次次翻轉自己的想法，打破過去的限制。

所有書中我告訴你的，在創作過程中，我都又一次完整地經歷並驗證過了。

當這本書完成的時候，我深深地知道，我已不再是過去的我。

我所經歷的一切，都已成為我的財富。

於你而言：

每一次當你感覺到生命有阻礙、挑戰和卡點，好像找不到解決的辦法，不知道應該怎麼去處理；

每一次當你有全新的目標想要達成，擁有了全新的機會，你發現只是重複過去的經驗，似乎很難獲得新的突破；

每一次當你和他人互動溝通，你感覺到彼此觀點的差異、很難達成共識；

每一次當你發現你有恐懼和擔憂；

每一次當你在關係中受挫；便是轉念的時機。

回想你的人生，你所經歷的千山萬水，你所跨越的艱難困苦，有哪一次不是因為在你的內在轉變了你原有的想法而實現的呢？

人並不「住」在客觀的世界，而是「住」在自己營造的主觀世界裡。你所看到的世界不同於我所看到的世界，而且恐怕是不可能與任何人共有的世界。「如何看待」這一主觀就是全部，並且我們無法擺脫自己的主觀。

《被討厭的勇氣》裡說：**也許你是在透過墨鏡看世界，這樣看到的世界理所當然就會變暗。如果真是如此，你需要做的是摘掉墨鏡，而不是感嘆世界的黑暗。**

那麼，此刻我想邀請你，未來的每一天，行走在屬於你的世界中，戴上不同的眼鏡，透過它，去看你想看到的世界。

好奇的眼鏡，為你捕捉生命中每一個鮮活的時刻；

開放的眼鏡，為你搜尋存在於世間的各種可能；

溫暖的眼鏡，為你連結每一次人與人之間彼此給予的愛與支持；

有趣的眼鏡，為你發現平凡生活裡的點滴歡樂；

勇敢的眼鏡，帶你突破頭腦的恐懼，遇見自己的無限潛能。

轉念，是必須的，也是可能的。

轉念，是我們每個對生命保有覺知、渴望綻放生命的個體一定能做到的。

當我們對自己的信念產生好奇，藉由覺察、轉化、升級，把全新的想法「安裝」

完畢，我們也就準備好了朝著更廣闊的世界前進！

每一次轉念，內在世界便更清明；

每一次轉念，生命藍圖便更開闊；

每一次轉念，我們更加深愛自己；

每一次轉念，我們也將更愛這個世界。

人生所有問題的答案不在別處，就在我們的內心。

謝謝你，我愛你。

致謝

在古城西安，完稿的時刻，我的內心無比喜悅和滿足，多年的寫書心願終於塵埃落定了！

在創作這本書的日子裡，我的腦海像電影放映機一般，過去近二十年培訓中我遇到的學員、聆聽過的故事……它們一個個自動地蹦了出來。

當我沿著記憶，一點點地把它們記下來，我的內心充滿感恩，好像一下子明白了自己為什麼在這裡，為什麼要記錄，為什麼要書寫。我深深意識到，自己只是一個管道，珍貴的故事、生命的智慧源源不斷地流經我，通往廣闊的人群，讓所有有緣與我相遇的有趣的生命，都能透過這些故事、這些智慧發生改變。

謝謝所有讓我走進你們生命的學員，我尊貴的客戶們。

我要深深感謝我的恩師、益友，新精英生涯創始人古典老師，與他相遇的十年時光，他總是在我最需要的時候出現，古典老師的鼓勵和信任給了我莫大的信心和力量。我清晰地記得，在咖啡廳，老師透過提問幫我釐清圖書的定位，在圖書出版的整個過程中，帶著我和幾位「個人發展共讀會」的夥伴從無到有學習如何出版一本書，還不辭辛勞聯絡出版社和編輯資源，如果沒有古典老師，我或許仍然踟躕不前。也要感謝寫書小組的踐哥、雪梅老師，你們的積極引領，讓我看到了榜樣的力量，並追隨你們的腳步，穩步向前。

感恩我生命中遇到的各位尊師，歐林光愛關懷協會理事長Lucia老師、埃里克森國際教練學院院長瑪麗蓮．阿特金森（Marilyn Atkinson）博士、遇見幸福實修社群吳依娜老師，在生命的不同階段遇到你們，並且得到智慧的啟迪，是我今生莫大的幸福和幸運。

感謝我摯愛的家人，我的爸爸媽媽、伯伯、阿姨、姐姐、姐夫，如果沒有你們無條件的愛與支持，給我空間、時間讓我創作，這本書也只會是一個想法。感謝我可愛善良的女兒，她常常對我說：「媽媽，你的書一定能出版！」她堅定的口吻、樂觀的態度，總是給我希望。和女兒相伴的時光，讓我更加懂得了作為母親成長的意義。

感謝我的同修學姐欣和（署名「Sheena 神話」）接受我的邀請，為本書繪製插畫[4]，傳遞我希望在書中帶給讀者的溫暖、光明和智慧。有了這些插畫的加持，這本書更加美好、喜樂。

感謝我的創業團隊「見智達・做到」的所有夥伴、我的聯合創始人們，謝謝大家一直以來看好我並對我賦能，和你們一起創業的每一個日子都是那麼喜悅和難忘。

感謝所有對我說「蘭雯老師，等著你的書上市的一天！」的學員、朋友，今天我終於可以把這本我無比珍視的作品送到你們手上了，有你們真好！

4 繁體版無收錄插畫。

高寶書版集團
gobooks.com.tw

NW 295
轉念，就會有奇蹟：練習不糾結，換個角度思考，創造全新可能

作　　者　項蘭雯
責任編輯　林子鈺
校　　對　藍匀廷
封面設計　林政嘉
內頁排版　賴姵均
企　　劃　陳玟璇
版　　權　張莎凌

發 行 人　朱凱蕾
出　　版　英屬維京群島商高寶國際有限公司台灣分公司
　　　　　Global Group Holdings, Ltd.
地　　址　台北市內湖區洲子街 88 號 3 樓
網　　址　gobooks.com.tw
電　　話　（02）27992788
電　　郵　readers@gobooks.com.tw（讀者服務部）
傳　　真　出版部（02）27990909　行銷部（02）27993088
郵政劃撥　19394552
戶　　名　英屬維京群島商高寶國際有限公司台灣分公司
發　　行　英屬維京群島商高寶國際有限公司台灣分公司
法律顧問　永然聯合法律事務所
初版日期　2024 年 12 月

原書名：轉念的奇蹟

國家圖書館出版品預行編目（CIP）資料

轉念，就會有奇蹟：練習不糾結，換個角度思考，創造全新可能 / 項蘭雯著. -- 初版. -- 臺北市：英屬維京群島商高寶國際有限公司臺灣分公司，2024.12
面；　公分.--

ISBN 978-626-402-138-8(平裝)

1.CST: 思維方法

176.4　　113017953

GOBOOKS
& SITAK
GROUP©